中华敬业故事

韦爱萍 主 编

孙坤明 编 著
孔 明 点 评

陕西新华出版传媒集团
陕西人民美术出版社

图书在版编目（CIP）数据

中华敬业故事/韦爱萍主编；孙坤明编著；孔明
点评. — 西安：陕西人民美术出版社，2018.1（2021.9重
印）
ISBN 978-7-5368-3448-4

Ⅰ．①中… Ⅱ．①韦… ②孙… ③孔… Ⅲ．①品德
教育－中国－青少年读物 Ⅳ．①D432.62

中国版本图书馆CIP数据核字（2017）第300538号

策　　划：雷　波
责任编辑：高立民　　白　雪
封面设计：高　雅

ZHONGHUA JINGYE GUSHI

中华敬业故事

韦爱萍　主编　孙坤明　编著　孔明　点评

出版发行　陕西新华出版传媒集团
　　　　　陕西人民美术出版社
地　　址　陕西省西安市雁塔区曲江街道登高路1388号
邮　　编　710061
网　　址　http://www.mscbs.cn
经　　销　新华书店
印　　刷　北京一鑫印务有限责任公司
规　　格　889mm×1194mm　　32开
印　　张　6.75
字　　数　96千字
版　　次　2018年1月第1版　　2021年9月第4次印刷
印　　数　26001-36000
书　　号　ISBN 978-7-5368-3448-4
定　　价　32.00元

前言

　　社会主义核心价值观不是无源之水、无本之木，它的形成与中华优秀传统文化有着千丝万缕的联系，特别是它倡导的爱国、敬业、诚信、友善的公民基本道德规范，更是中华优秀文化的精华，是中国人千百年来一直崇尚并践行的道德准则。中华优秀传统文化中的经典故事，教育着一代又一代的中国人。我们今天的年轻人，也会从这些经典故事中获取教益，成为社会主义核心价值观的践行者。

　　中华民族五千年文明史，为我们留下了许多宝贵的精神财富，形成了中华民族的传统美德。为君的为官的"公生明，廉生威""文官不爱财，武官不怕死"；读书的"读书破万卷，下笔如有神"；教书的"学高为师，身正为范"；经商的"君子爱财，取之有道""童叟无欺"；务农的"清明前后，点瓜种豆""三分种来七分

1

管，十分收成才保险"……只要各守其道，业精于勤，不论从事何种职业，都可取得成功。我们此次精心编写的《中华敬业故事》，搜集整理了古代数十篇敬业故事。大禹治水，三过家门而不入；玄奘西行，万水千山若等闲。周公吐哺，天下归心；司马著史，忍辱负重。古代贤达，忠于职守，可谓矢志不移；而今敬业，任劳任怨，自是职业精神。

　　本书收入的每一篇敬业故事后都附有作家孔明的精彩点评。由于我们能力和水平有限，难免有不当及谬误之处，敬请大家给予批评和指正。

目录

大禹治水 / 1

周公吐哺，天下归心 / 6

愚公移山 / 10

李离自刎谢罪 / 14

孙武练兵斩宫姬 / 18

楚王学箭 / 23

赵奢征税 / 26

司马迁发愤著《史记》 / 30

尽职尽责的郅都 / 35

周亚夫治军 / 40

严于律己的赵禹 / 44

张骞"凿空"西域 / 47

周举弹劾不避恩人 / 51

乐羊子求学 / 55

华佗行医 / 58

王猛临终不忘国事 / 64

范缜不信鬼神 / 68

郦道元著《水经注》 / 74

万宝常位卑知敬业 / 78

"慈母官"辛公义 / 82

妙手回春的孙思邈 / 85

直言敢谏的魏徵 / 92

玄奘西行取经 / 100

鉴真东渡弘法 / 108

怀素练字，秃笔成冢 / 114

"差得远"的戴嵩 / 117

忠于职守的韩愈 / 121

先天下之忧而忧的范仲淹 / 126

刚直尽责的包拯 / 133

沈括绘制《天下郡国图》 / 140

司马光著《资治通鉴》 / 145

曾巩务实治理州事 / 151

陈之茂公正取士 / 158

况钟整饬苏州 / 163

戚景通为官尽责 / 168

徐九思的"三字经" / 172

铁面无私的海瑞 / 177

谈迁写《国榷》 / 184

盲人唐汝询刻苦治学 / 189

徐霞客远游探险 / 192

七品县令郑板桥 / 199

敬业尽职石赞清 / 206

大禹治水

　　四千多年前的尧、舜、禹时期，我国黄河流域经常
发大水。滔滔洪水冲毁良田房屋，淹死野兽、牲畜乃至
人类。为了治理水患，保护百姓的安全，尧帝召集各部
落首领开会，让大家推举一个治水能手来平息水患。众
人推荐鲧来负责这项工作。

　　鲧接受任务后，采取堵的方式治理洪水。他发动民
众，修筑起比水浪更高的堤坝。然而堤坝越高，积蓄的
水就越多，水浪也就越高。鲧就是这样不停地和洪水搏
斗着，一天又一天，一年又一年……就这样过了九年，
直到有一天，堤坝再也支撑不住，轰然倒塌了，洪水更
加肆虐，造成了巨大的灾难。

　　这时，舜接替尧做了部落联盟首领。他见鲧治水不

力，酿成大祸，就下令将鲧在羽山处死了。随后，他征求各部落首领意见，看谁能根治水患。这次，大家都一致推荐禹，并说："禹虽然是鲧的儿子，但是德行和能力比他父亲强多了。"舜也没有因为禹是鲧的儿子就轻视他，很快就把治理水患的大任交给了禹，同时又派伯益、后稷等人做他的助手。

禹是一个贤良的人，他欣然接受了这一任务，并暗暗下定决心：一定要继承父亲遗志，治理好水患，解救百姓于危难之中。

当时，禹结婚才四天。他的妻子涂山氏是一位贤惠的女人，支持丈夫前去治水。禹和爱妻洒泪告别，踏上了治水的征程。

禹带领着伯益、后稷等一批人，跋山涉水，风餐露宿，走遍了中原大地的山山水水。在摸清了地形和水的走向等情况后，他决定吸取父亲治水失败的教训，用导引洪水入大海的方法来消除水患。重点疏通水道，使得洪水能够顺利地东流入海。

于是，禹根据地理情况，将天下分为冀州、青州、

徐州、兖州、扬州、梁州、豫州、雍州、荆州九个州。他的治水方法是把整个国家的山山水水当作一个整体来治理，先治理九州的土地，该疏通的疏通，该平整的平整，使得许多地方变成肥沃的良田。

接着是治理山，就是要疏通水道，使水能够顺利往下流去，不至于堵塞水路。禹亲自拿着镐头，寒来暑往，日复一日，率领百姓挖渠开山。经他治理的山有岐山、荆山、雷首山、太岳山、太行山、王挝山、常山、砥柱山、碣石山、太华山、大别山等。山路治理好了以后，他就开始理通水脉，长江以北的大多数河流都留下了他治理的痕迹。

在治水过程中，最艰巨的工程是开凿龙门。龙门山在梁山的北面，高高地横在黄河当中，挡住了奔腾直下的河水的去路，河水只好绕道从山脚下一条狭窄的山谷穿过。每当水量增大时，河水就四处横溢，泛滥成灾。禹不怕辛苦，不畏艰险，他察看了地形，觉得这地方非得凿开不可。但是偌大一个龙门山又如何能轻易凿开！禹经过与大家商议，选择了一个最省工省力的方法，只将龙门山凿开了一个八十步宽的口子，就将水引了过去。河水从此顺畅地流向了大海。

相传为了治水，禹曾经"三过家门而不入"。第一次经过家门时，他听到妻子分娩时痛苦的呻吟，还有婴儿哇哇的哭声。助手劝他进去看看，他怕耽误治水，没有进去。第二次经过家门时，儿子正在妻子的怀中向他招着手。当时正是工程紧张的时候，他只是挥手打了个招呼，就走了。第三次经过家门时，儿子已长到十多岁了，跑过来使劲把他往家里拉。禹深情地抚摸着儿子的头，告诉他，水患未除，没空回家。说完禹又匆忙离开。

就这样，禹带领人们，由南到北，由西到东，经过十三年的苦战，终于疏通了河道，治服了洪水。昔日被洪水淹没的山岭露出了面容，农田变成米粮仓，百姓们又能筑室而居，过上了幸福富足的生活。

因为治水有功，不久禹就被大家推举做了舜的助手。舜去世前，把部落联盟首领的位置禅让给了他。

禹为民造福，永远为炎黄后裔所怀念。他那矢志不

中华敬业故事

渝、坚持不懈、吃苦耐劳、尽职尽责、"三过家门而不入"的精神，也为后世所称道。

◇孔明点评◇

大禹治水，传说很多，涉及的地域也很广阔，以至于上古中国，被称为"禹域"。虽然是传说，却没有理由怀疑大禹治水的事迹与精神。人类有史以来，依山傍水而居，治水是宿命，也是生存之道。在那个时代，治水之重不亚于江山社稷，故而大禹因为治水厥功至伟而得舜禅让之位。大禹治水体现的价值有三：一、有志者，事竟成；二、智慧出点子，方法关成败；三、持之以恒，才有望成功。

周公吐哺，天下归心

　　周公是我国西周时期著名的政治家、军事家、思想家、教育家。他姓姬名旦，是周文王的第四个儿子，周武王姬发的同母弟弟。因采邑在周原，故被称为周公。他曾辅佐周武王讨伐商纣王，并制礼作乐，使得天下大治。

　　在周文王时期，周公就以孝顺、仁爱而著称。武王继位以后，非常看重自己这个弟弟，就没让他去封地，而是将他留在身边辅佐自己。在周公、姜尚等人的辅佐下，周武王遵循父亲的既定方针，励精图治，国力大为增强，于是兴兵伐纣，最后经牧野一战，完成了灭商兴周的大业。

　　灭商之后，周武王把鲁地封给周公，但周公并没有

去鲁地就封，而是留在朝中继续辅佐武王。不久武王病逝，其子成王继位。当时，成王年龄还小，无法执掌国政，加上天下刚刚平定，周公担心有人趁机发动叛乱，对新兴的周朝产生威胁，就和召公一起总摄国政，管理朝廷中的一切事务。

为了替成王管理好国家，周公兢兢业业，一刻也不敢懈怠，整日操劳于国事。对待年幼的成王，他更是无微不至，关爱有加。周公这样勤政，却招致其他兄弟的忌恨。当时，受封于朝歌的管叔和蔡叔在国中散布流言，说周公将不利于成王。周公得知后，就对姜尚、召公说："我之所以不避嫌疑代理国政，是怕天下人背叛周室，没法向我们的先王太王、王季、文王交代。武王早逝，成王年幼，我只是为了完成稳定周朝之大业，才这样做的。再过几年，等成王长大了，我便会还政于他。"

于是，周公不顾流言蜚语，继续摄政。他让自己的儿子伯禽代自己去鲁国就封。伯禽临行前，周公告诫他说："我是文王的儿子、武王的弟弟、成王的叔父，在全天下人中我的地位不算低了，但我洗一次头要几次握起头发，吃一顿饭要几次吐出正在咀嚼的食物，起来接待贤士，这样还怕失掉天下的贤人。你到鲁国之后，千万不要因为有封地而傲慢地对待人。"

不久，管叔、蔡叔勾结纣王的儿子武庚发动叛乱。周公兴兵伐罪，三年后平息叛乱，并将周的势力扩展至东海。七年后，周公实践自己的诺言，还政于成王。

后来，有人在成王面前进谗言，说周公的坏话。周公只好逃到楚地躲了起来。过了一段时间，成王翻阅库府中收藏的文书时，发现了记载周公在自己年幼时勤政为民对自己无私关爱的文献，感动得流下了眼泪。于是，他立即派人将周公接了回来。周公回来以后，仍兢兢业业，勤勉于国事，直至去世。周公逝世后，成王把他葬在毕邑文王墓的旁边，以示对周公的无比尊重。

◇孔明点评◇

古往今来，居于高位、上位者，即使大公无私，也难免被猜忌，被诋毁，被陷害，所以清明廉洁的为政者，战战兢兢，如履薄冰，到老都殊为不易。周公之所

以能被后世尊为圣贤，荣誉加身而历代不衰，在于他既握国柄，却未敢掉以轻心；即使公而忘私，仍然蒙受暗箭；被人冤枉后，仍不改为政初衷，辅佐成王一如既往；终其一生，都在为社稷、百姓操劳。西周王朝能建立治世而使民安居乐业，周公自然功不可没。后世学周公，德才缺一不可，但更重要的恐怕还是"天下为公"思想，这才是为政者需要汲取的精神营养。

愚公移山

　　很久以前，有一位老人，名叫愚公，都快九十岁了。他家门前有两座山，一座叫太行山，另一座叫王屋山。这两座山有一万多丈高，七百多里宽，把村子挡得严严实实，大家进出都要绕很远的路，十分不便。

　　一天，愚公把家人召集在一起，说："这两座大山挡在咱们家门口，害得我们要跑好多冤枉路，我想咱们全家一起上阵，把这两座大山移开，让门口的路可以直通到外面的大路上，你们觉得怎么样呢？"儿子和孙子们听了，都十分赞同他的意见，恨不得马上动手。可妻子却不同意他那么做，她摇着头说："老头子，你是不是老糊涂了？你连搬魁父那样一个小土丘的力气都没有，还想把这两座大山移走？再说，那些挖出来的泥土

和石块，你要扔到什么地方去呢？咱们在这里已经生活了这么多年，一切都相安无事，就不要再瞎折腾了！"

愚公听了妻子的话，陷入了沉思，挖出的土和石块堆在什么地方，这确实是个问题。这时，儿子出主意说，可以把土挑到渤海去。愚公和儿孙们齐声赞成。愚公的妻子见大家决心已定，也就不再反对了。

第二天一大早，愚公带着一家人扛起锄头、镬头，带上簸箕开始搬山了。他们敲碎石头，挖出泥土，用簸箕和竹筐把这些东西装走，运到渤海边。愚公的壮举惊动了四邻，有一个叫京城氏的寡妇和她家里八九岁的孩子也跑出来，兴致勃勃地和愚公他们一起搬运土和石块。由于愚公他们搬山的工具只有锄头和背篓，而大山与大海之间相距遥远，一个人一天往返不了两趟。一个月干下来，大山看起来跟原来没有两样。

在黄河边上，住着一个精明的老人，大家都叫他智叟。智叟听说愚公想要搬走太行、王屋两座大山，就竭力阻止他，并嘲笑说："愚公呀，你实在太糊涂了！你这么老了，还要去移什么山？就算让你搬到你死掉的那一天，也是不可能把大山移开来的！"

愚公听了智叟的话，笑了笑说："智叟，你才糊涂呢！我虽然年纪大了，可是我还有儿子，他可以继续去做呀！儿子又生孙子，孙子又生儿子，儿子又生儿子，儿子又生孙子……我的子子孙孙可以一直搬下去，我们搬掉山的一层，就少一层，只要我们持之以恒，总有一天会把这两座山搬走的！"智叟听了，顿时哑口无言，只好走开了。

愚公带领一家人，不论酷暑严寒，每天起早贪黑，挖山不止。终于天帝被他们的行为感动了，于是派两名大力士到人间把太行、王屋两座大山搬走了。从此，愚公家门前一马平川，道路十分好走。

◇ **孔明点评** ◇

虽然这是个寓言故事，但释放的精神光芒足可照耀千秋万代。国家、民族、个人都需要一种愚公移山的精神。做任何事，能否实现是一回事，敢不敢想，敢不敢做，是另一回事。只要目标确立，愚公移山的精神往往能创造奇迹。自古而今，人类的多少奇迹都是这样创造

的。如果人人都抱知难而退的思想，还指望能成就什么丰功伟业呢？小焉者，实现个人理想，离不开愚公移山的精神；大焉者，实现中国梦，更需要愚公移山的精神。

李离自刎谢罪

　　春秋时期晋国有一个叫李离的人，秉性耿直，性格刚烈，做事情认真、严谨、负责，因此在国内名气很大。晋文公重耳听说后，就把李离召到都城绛，让他做了狱官，负责审理、判决案件。

　　做官之后，李离并未因此而沾沾自喜，而是更加严格要求自己，不敢有丝毫懈怠。他深知狱官手握生杀大权，稍有疏忽，便会造成冤狱，所以不论什么案件，都要亲自调查审问，不敢有半点马虎。

　　这一天，李离审理了一个案件，在要判决时，因为证据不是很充分，一时不好给犯人定罪。这时，手下向他提供了一个信息，李离未多加考虑，就听信了手下的话，把犯人判了死罪，并很快行刑了。

　　死者家属对李离的判决很是不服，于是就来到衙门为死者申冤。李离不敢怠慢，他认真听取了死者家属的申诉，重审此案，才发现是因为自己的轻信，重判了死者。李离悔恨万分，赶紧向死者家属道歉，并答应赔偿损失。死者家属见狱官态度如此谦卑诚恳，就原谅了他。但李离却无法原谅自己。他每日深深自责，吃不下饭，也睡不好觉，人一下瘦了一大圈。

　　妻子看到李离日渐消瘦，还以为他得了什么重病，急得要去找郎中。当知道事情的原委后，她便劝解丈夫道："自从你担任狱官以来，一直兢兢业业，秉公执法，经手那么多案件，从没有出现大的过错，得到大家称赞，虽然这次犯点小错，但谁都有犯错的时候，何况上司和死者家属都没有怪你的意思，你为什么要跟自己过不去呢？"

　　李离听后，沉思了一会儿，对妻子说："自古杀人偿命，我身为狱官，更应为百姓做守法的表率，既然杀错了人，就是触犯了法律，理应受到法律的制裁。"

　　第二天，李离不顾妻子劝阻，脱下官服，换上囚衣，叫手下人给自己戴上枷锁，到宫廷去向晋文公请罪。

李离见到晋文公，叙述了事情经过，要求他治自己的罪。晋文公听后十分震惊，他安慰李离说："这件事不能全怪你，你是一时疏忽，错听了下属的话才这样做的。我现在就命你赶快回家换好衣服，衙门里还有好多事情等着你办呢。"

李离摇着头说道："我身为狱官，应该带头秉公执法。现在我判案不明，错杀了人，怎能把责任推给下属呢？您任命我做狱官，是相信我能干好这项工作，可如今我辜负了您的期望，出了差错，理应受到惩罚……"

不等李离说完，晋文公就下命令道："我现在就赦免你的罪责，这下你该没话可说了吧？"

这时，在场的大臣们也纷纷劝慰李离："好了，好了，就算是你犯了罪，现在主上都赦免你了，快点谢恩回家吧。"

李离听后，昂起头大声说道："有罪就必须得到惩罚，我现在就要用生命维护国家的法律！"之后，他自

刎而死。

李离失职自刎的消息传开后，晋国百姓大受震动，大家都为他这种一丝不苟、尽职尽责，以生命捍卫法律尊严的行为所感动。

◇孔明点评◇

李离听信一面之词，使无辜者冤死，作为狱官，肯定是有责任的，请求惩处也是应该的，同时这种行为也是难能可贵的。既已请罪，且被赦免，李离就应该引以为鉴，将功补过，使悲剧不再发生。故此，在那个时代，李离不受赦免，不听劝阻，一意孤行而自刎，未免极端，至少矫枉过正了。他的自刎，带有随机性，于法无据。他本该清醒而明白：即便是他，对自己也要秉公执法。他就算有罪，也罪不至死。如果执法者都如李离，也是可怕的。愿后来者正确解读李离，对他人不能枉判，对自己也不能枉判！

孙武练兵斩宫姬

孙武，字长卿，是春秋时期著名的军事家、政治家，被后世尊称为"兵圣"。

孙武有一次去吴国，因为长于兵法而被吴王阖闾接见。吴王阖闾见到孙武便说："您的十三篇兵法，我全部都读过了，我感觉您写得都很好，但不知道这些兵法实践起来会如何，您能为寡人展示一下吗？"孙武回答说："当然可以！"吴王阖闾大概是有意要刁难孙武，便又问："那可以用妇女来试验吗？"不料孙武想都没想就答应说："当然可以！"

于是吴王阖闾叫出了宫中的美女，共一百八十人。孙武把她们编成两队，让吴王阖闾的两个宠姬分别担任两队的队长，让她们全体拿着长戟，然后问她们："你

们知道自己的心口、左右手和后背吗？"宫女们笑嘻嘻地回答说："知道！"孙武却十分严肃，说："我如果说向前，你们就要看心口所指的方向；我如果说向左，你们就要看左手所在的方向；我如果说向右，你们就要看右手所在的方向；我如果说向后，你们就要看后背所对的方向。如违军纪，必当受罚，重者斩首！都听明白了吗？"宫女们不以为意，依旧笑嘻嘻地答道："是。"

各项操练规程已经宣布明白了，斧钺等兵器也陈设好了。孙武怕这些宫女们记不住，就又重复了一遍操练的规程，然后正式开始操练。

孙武先击鼓传令向右，宫女们似乎早已忘记他刚才交代的操练规程，非但不向右看，反而哈哈大笑起来。孙武心里有些恼怒，但还是说："士兵们对操练规程不明确，对下达的口令不熟悉，这是将领的过错。"于是再次交代了操练规程。

孙武再击鼓传令向左，宫女们还是不向左看，又哈哈大笑起来。孙武此时再也无法抑制心中的怒火，说：

"如果是对操练规程不明确，对下达的口令不熟悉，那定然是将领的过错。然而我对操练的规程已经三令五申，可是你们依旧不按口令执行，这无疑是军官和士兵的过错。无视军法，理应惩戒。"于是就要杀两队的队长。

吴王阖闾在台上观看，对于刚才宫女们哈哈大笑、不愿配合的场景还抱有看热闹的心态，谁知转眼之间孙武就说要杀掉自己的爱姬，心中着实大吃一惊。他急忙对孙武说道："寡人已经知道将军您善于用兵了，刚才的操练不过是一种演示，不用太认真的。寡人如果没有了这两个侍妾，吃饭都没有味道，希望为了寡人着想，不要杀她们。"谁知孙武却说："臣既然接受命令做了将军，那么在军营中，国君的有些命令是可以不接受的，这样才能使军法严明，军法严明士兵才会听话而不敢有异心。刚才在宣布操练规程的时候我已经说过，如果不按照命令执行的话，就要按照军法处置。如果此刻因为大王您而破坏刚才所宣布的纪律，将来哪里还有士兵肯严格遵守军纪？士兵都不严格遵守军纪，我们的军

队又怎么会有战斗力呢？"于是他立即下令杀了两个队长示众，并另派两个人做新的队长，然后继续击鼓操练。

这一次，宫女们向左、向右、向前、向后、蹲下、站起，都十分符合操练规程，并且再也没有谁敢出声大笑了。于是孙武派人报告吴王，说："队伍已经训练整齐，大王可以试着下来检阅她们了！我相信，任凭大王怎样命令她们，哪怕让她们赴汤蹈火也是完全可以的。"但吴王因为刚才二姬被杀的事还很不痛快，所以只说："将军解散队伍，到客馆去休息吧，寡人不想下去观看了。"孙武明白吴王阖闾的心思，便说："看来大王只是喜欢我的兵书，却不能让我实际用兵啊。"

其实，吴王阖闾已确信孙武很善于用兵，所以还是任用他做了将军。之后，吴国向西打败强大的楚国，攻入郢都，向北威震齐国和晋国，在诸侯中名声显赫，孙武都功不可没。

◇孔明点评◇

　　一个故事，却必须从两个层面来理解。孙武怒斩吴王爱姬，其实是严明纪律，倡导军中无戏言；吴王虽然心里不快，却依旧重用孙武，其实是知人善任，君王无戏言。国中无小事，岂能等闲而视之？起码吴王阖闾明白：委人以重托，就当予人以信任，横加干涉，等于背弃君王之言；授人以处决权，才能制胜于千里之外，不明白这个道理，也等于自食其言。"东边日出西边雨，道是无晴却有晴。"表面上看，孙武不徇吴王私情，好像不给吴王面子，实际上吴王心明如镜，知道为将者不像孙武那样"冷酷无情"，要想训练出威武之师，可以说门儿也没有！孙武使吴王失去了两位心爱的女人，却为吴王图谋霸业奠定了基础。两相比较，孰轻孰重，一代雄主吴王阖闾自然掂量得来。

楚王学箭

　　春秋时期的楚国，有一个擅长射箭的人，名叫养叔。他箭法了得，有百步穿杨的本领，在楚国境内名气很大。

　　楚王听说养叔的事情后，非常羡慕，就想跟他学习射箭的本领。于是楚王便派人请来养叔，让他教自己射箭。楚王相请，养叔自然不敢怠慢。见到楚王后，他就把自己掌握的射箭技能毫无保留地全部教给楚王。楚王按照养叔的指点，兴致勃勃地练习了好一阵子，渐渐能得心应手了，于是就邀请养叔跟他一起到野外去打猎，以便展示一下自己的学习成果。

　　到野外后，楚王叫人把躲在芦苇丛里的野鸭子赶出来。众人手拿棍棒向芦苇丛中呼喊。野鸭受惊，纷纷从芦苇丛中飞出。楚王见此，弯弓搭箭，正要射野鸭时，忽然从他的左边跳出一只山羊。楚王心想，射死一只山羊，可要比射中一只野鸭子划算多了！于是就把箭对准了山羊，准备射它。可正在此时，从他的右边又突然跳出一只梅花鹿。楚王又想，若是射中敏捷的梅花鹿，价值比山羊又不知高出了多少，于是又把箭对准了梅花鹿。可正当他要开弓时，忽然手下侍卫一阵惊呼，原来从树梢飞出了一只苍鹰，正振翅往空中飞去。楚王又觉得射下苍鹰比射梅花鹿更好。可是当他正要瞄准苍鹰时，苍鹰已飞远了。楚王无奈，只好回头来射梅花鹿，可是梅花鹿也逃走了。再回头去找山羊，山羊也早溜了，就连那一群野鸭子都已无影无踪了。

就这样，楚王拿着弓箭比画了半天，结果什么也没有射着。

◇孔明点评◇

楚王学箭，很有现实意义。古往今来，引以为鉴者寡，重蹈覆辙者众。业精于勤，荒于嬉，这道理多数人懂，偏偏多数人做不到。得陇望蜀，这山望着那山高，

浑然不知自己能耐有多大，更不知机不可失，时不再来，离开这个村，就没有这个店了。那稍纵即逝的，不仅仅是机会、机遇，还有时间，再加上青春。人贵有自知之明，不自知，知而不明，就只能做"楚王"了！

赵奢证税

  赵奢是战国时期赵国的名将。他年轻的时候，只是一个负责征收田税的小官。官职虽然不高，可他忠于职守，秉公办事，不畏权贵。

  这一天，赵奢带着几名手下到平原君家去征收田税。平原君名赵胜，是赵王的亲弟弟，而且官居相位，既是皇亲，又是朝中重臣。仗着有平原君撑腰，管家根本就没把前来征税的赵奢放在眼里。他不仅拒绝缴税，而且态度十分蛮横。赵奢好言相劝，耐心地给他做工作。孰料管家仗势欺人惯了，根本听不进赵奢的话，他一招手竟招来一伙家丁，把赵奢和几个手下人围了起来，要赶他们出去。赵奢十分气愤，他大声训斥道："缴纳税款是国家的法令，抗税不缴是要受到严惩的。

平原君是法令的制定人，他的家人更应该积极纳税，你们要是胆敢造次的话，我就按国法从事，不论他是谁！"管家等人对赵奢的警告不以为意，竟然准备出手打他们。赵奢忍无可忍，依据当时赵国的法律，下令将管家等九个参与闹事的人就地正法。

平原君知道这件事后，十分恼怒，扬言要杀掉赵奢。一些好心人劝赵奢赶快逃到别的国家躲一躲，免遭杀身之祸。

可是赵奢却一点儿也不害怕，他说："我依国法行事，没有什么过错，为什么要逃呢？我不但不逃，而且还要面见平原君，当面和他论个是非曲直。"于是他主动上门找到平原君，对他说："您是赵国的公子，国家的重臣，不应该放纵家人违反国家法令。如果大家都不遵守国家法令，拒不缴纳国家田税，那法令就会削弱；法令削弱，国家就会衰弱；国家衰弱，就会遭到别国的侵犯，甚至还会把我们赵国灭掉。如果到了那一天，您平原君还能保住现在这样的富贵吗？您这样地位高贵的人，如果能带头奉公守法，那么别人都会以此为榜样，这样一来，上上下下的事情就可以得到公平合理的解决，天下人也会心悦诚服地缴租纳税，那么，国家也就会强盛起来。国家强盛，则政权稳固，像您这样的皇亲国戚才能永远保持富贵！"

平原君自知理亏，但还是质问道："你处决我府上的人，为什么不事先向我禀报？"

赵奢回答说："处理这事本来就是我的职权，难道执行法律还需事先禀报您吗？"

赵奢一席话，说得平原君心服口服，不由得对赵奢以国家利益为重、秉公办事、忠于职守的工作作风赞叹起来。平原君由此认定赵奢是个贤能的人才，于是就把他推荐给了赵王。

赵王破格提拔赵奢为掌管全国赋税的官。赵奢果然不负众望，在他的管理之下，赵国国库充盈，老百姓的生活也日渐富裕起来。

◇**孔明点评**◇

赵奢照章办事，不畏权贵，国家需要这样的执法者。赵奢面见平原君，那一席话也是言之凿凿，句句在

理。人只要明事理，不糊涂，一听就懂，何况听者是平原君呢？但阻挠执法者执法的人是否就该不教而诛呢？为何不先与平原君沟通，然后再向平原君家人进行普法教育呢？这个故事，足鉴后来者：做事不能因为正确就莽撞，就一意孤行！不能以执法的名义，践踏法律的应有之义与正义，而应该秉持法律精神，不遗余力，使人人知法而守法，如此才能防患于未然！强调目的，不应该使过程忽略过失，使方法失之合法，使细节被格式化。

司马迁发愤著《史记》

司马迁是西汉时期夏阳（今陕西韩城南）人，他的祖上好几个人都担任过史官，其父司马谈更是在朝中担任太史令一职。司马迁十岁的时候，跟随父亲来到京城长安，开始拜师求学。他学习十分刻苦，遇到疑难问题，总是虚心向老师或父亲请教，直到弄明白为止。司马谈看到儿子如此勤奋，十分高兴，就把自己平生所学悉数教给了他。

司马谈是一个有抱负的史官，他试图撰写一部规模空前的史书，记载从黄帝到汉朝两千多年的历史。于是在做了太史令之后，他就开始搜集、阅读史料，为编纂史书做准备，但当时司马谈年龄大了，他就把希望寄托在儿子司马迁身上，希望儿子能帮自己实现这样一个宏

愿。

受父亲影响，司马迁从小就对历史产生了浓厚兴趣。为了搜集史料，开阔眼界，他从二十岁开始，就在父亲的安排下游历祖国各地。他到过会稽，看了传说中大禹召集部落首领开会的地方；到过长沙，在汨罗江边凭吊爱国诗人屈原；到过曲阜，考察孔子讲学的遗址；到过沛县，听当地父老讲述汉高祖起兵的情况……这些游览和考察，不仅使司马迁获得了大量的知识，还让他从民间语言中汲取了丰富的养料，为日后写作打下了重要的基础。回到长安后，司马迁担任郎中一职，曾几次随同汉武帝出外巡游，到过很多地方。三十五岁那年，汉武帝派他出使云南、四川、贵州等地，他了解到那里的一些少数民族的风土人情。司马迁回来后不久，其父司马谈病逝。元封三年（前108），司马迁接替父亲做了太史令。同年，他开始动笔写作《史记》。

为了完成父亲遗愿，集中精力写好这本书，司马迁每天一办完公务，就闭门谢客钻进书房里，一直写到深夜。正当司马迁全身心地编写《史记》之时，一场飞来横祸突然降临，这就是李陵事件。天汉二年（前99）夏天，汉武帝派宠妃李夫人的哥哥、贰师将军李广利领兵讨伐匈奴，另派李广的孙子、别将李陵随从李广利押运辎重。孰料李广利不听部下劝告，孤军深入，结果导致李陵被匈奴骑兵包围。李陵苦战不支，被俘后被迫投降。消息传到长安后，汉武帝大怒，满朝文武官员察言观色，纷纷指责李陵的罪过。汉武帝让太史令司马迁说一下自己的意见。司马迁平日里对李陵印象不错，就为李陵说了几句公道话，说他是不得已而为之，不是真心想投降，言外之意是贰师将军李广利没有尽到责任。汉武帝听了，认为司马迁是在为李陵辩护，有意贬低贰师将军李广利，不禁勃然大怒，把司马迁下了监狱，交给廷尉审问。

审问之后，司马迁被判死刑。根据汉朝的刑法，死刑有两种减免办法：一是拿五十万钱赎罪，二是受"腐刑"。司马迁拿不出那么多钱赎罪，而腐刑既残酷地摧残人的身体和精神，也极大地侮辱人格，司马迁当然不愿意忍受这样的刑罚，悲痛欲绝的他甚至想到了自杀。

但他又想到，人总是要死的，但死的意义是不同的。如果自己就这样 "伏法而死"，就像牛身上少了一根毛，是毫无价值的。他又想到周文王被关在羑里，推演《周易》；孔子周游列国时被困在陈、蔡，后来编了一部《春秋》；屈原遭到放逐，写了《离骚》；左丘明眼睛瞎了，写了《国语》；孙膑被剜掉膝盖骨，写了《孙膑兵法》……这些名著，都是作者内心郁闷，或者理想行不通的时候，才写出来的。想到这里，司马迁顿时觉得浑身充满了力量，他毅然接受了腐刑。他只有一个信念，那就是一定要活下去，一定要把《史记》写完！

正是在这样的信念支撑下，司马迁忍辱负重，锲而不舍，经过十余年的努力，终于把从传说中的黄帝时代开始，一直到汉武帝时的这段历史，编写成一百三十篇、五十二万余字的巨著《史记》，在我国的史学史和文学史上留下了光辉一笔。

◇孔明点评◇

鲁迅先生评说《史记》为"史家之绝唱，无韵之《离骚》"。一部《史记》，何以流芳百世？与司马迁

司马迁发愤著《史记》

的才华、抱负有关，更与他的敬业有关。为了以史为
鉴，惠及后代，他以刑余之身，忍辱于当世，而著述于
简牍，其豁然之胸襟、浩然之气度，堪与日月相辉映！
司马迁的确可以作为后人典范：有才华，有抱负，有毅
力，有担当；目标既已明确，前行而不言放弃，才有可
能如愿以偿；人的一生，只要做成一件有意义的事情，
就死而无憾了。

尽职尽责的郅都

郅都是西汉早期杨县（现山西洪洞县）人，他年轻的时候勇猛有力且待人谦虚诚恳，在杨县一带很有名。汉文帝时，他就以良家子的身份充任郎官成为汉文帝的侍从。汉景帝继位后，他晋升为中郎将。郅都为官以敢于直言进谏著称，他公正廉洁，从不徇私枉法、私下接受别人的请托。

一次，有人上报说济南的豪强瞷氏，仗着宗族户多人众，称霸地方，横行不法，就连郡守也拿他们没办法。于是景帝任命郅都做济南太守。郅都到了济南，命人把瞷氏等一干地主豪强找来，假称议事，等他们一到齐就逮捕了他们，并依法治罪。从此济南地区的地主豪强全都老实了。经过郅都一年多的治理，济南百姓安居乐业，路不拾遗，夜不闭户。周围十多个郡的太守因此都很敬服郅都。

汉景帝七年（前150），郅都升任中尉，负责京城长安的治安工作，并亲领北军。他执法不阿，从不趋炎附势，或看权臣脸色行事。丞相周亚夫位高权重，而郅都见到他只是作揖，并不跪拜。当时景帝为恢复国家的经济实力，实行"轻徭薄赋"的政策，百姓税赋较轻，安居乐业，极少有人触犯法律，犯法者多是皇亲国戚、功臣列侯。但郅都执行法律时从不避权贵，凡违法犯纪的，不论是谁，担任什么职务，爵位有多高，他都一律依法严惩。列侯宗室对郅都是既恨又怕，见了他都不敢正视，背后称他为"苍鹰"，喻指他执法异常凶猛。

后来景帝的儿子临江王刘荣犯法，没有人敢审问，于是景帝就把这件案子交给郅都。临江王早就听说过郅都，对他十分畏惧。到了中尉府后，刘荣提出要书写工具，以便给景帝写信，表示谢罪。郅都却告诉官吏不得给他书写工具。魏其侯窦婴（刘荣当太子时的老师）知道后，暗中派人给刘荣送去了书写工具。刘荣给皇上写

完谢罪的信后就自杀了。窦太后得知此事后，十分伤心，她恨透了郅都，要求景帝必须杀了他给刘荣偿命。为了保护郅都，景帝先是免了他的官，然后派使者拿着符节任命郅都为雁门太守，并让他乘便取道上路，直接去雁门上任，根据实际情况独立处理政事。

雁门地处边境，匈奴常常进犯。郅都到任后整饬军队，使军队的战斗力大大提高，匈奴每次犯境都大败而回，最后匈奴人见到郅都的旗号就立即撤退。

匈奴人恨郅都，就用木头做成他的形象用弓箭射。谁知他们一想起郅都竟然吓得连弓都拿不稳，居然没有一箭射中的，可见他们害怕郅都到了何种程度！为了除掉郅都，匈奴人想了一个歹毒的计策。他们派人深入中原，四处散布不利于郅都的谣言。窦太后听到后，不加分析，立即下令逮捕郅都。汉景帝心知郅都冤枉，说郅都是忠臣，想放了他。谁知窦太后不忘旧恨，说："临江王难道就不是忠臣吗？"于是在她的蛮横干涉下，郅都最终被杀。郅都死后不久，匈奴骑兵再次侵入雁门。

郅都为官忠于职守，公正清廉，对内不畏强暴，对外积极抵御外侮，使匈奴闻风丧胆。后人对他评价很高，司马迁称赞他说：郅都、张汤这样的酷吏虽然用法苛酷，但却是国家的栋梁，失去这样的栋梁实在是大汉帝国的悲哀啊！并把他与战国时赵国的廉颇、赵奢等名将并列，誉之为"战克之将，国之爪牙"。后人的这些赞誉，当是对郅都最中肯的评价。

◇孔明点评◇

郅都执法，主要方面值得肯定。执法者心肠过于柔软，则执法而不打折扣就很难做到；执法者如果缺少执法的环境，想要执法也难乎其难。郅都为官刚正不阿，其业绩是看得见的，但其悲剧的人生结局也是看得见的。既然社会需要"苍鹰"，就该有适于"苍鹰"的空间，不能总是一边赞美，却一边眼睁睁看着"苍鹰"落难。"苍鹰"本来就稀缺，如果"苍鹰"的结局都如郅都，那么谁还愿意做"苍鹰"呢？当然，郅都的所作所为并非无懈可击，譬如史书记载，景帝的妃子贾姬如厕而处于险境，那郅都该不该救呢？他该不该阻止汉景帝救助自己的妃子呢？显而易见，出手相救与执法必严并

无必然联系，郅都的劝阻之辞足见他有人格缺陷，其偏颇、褊狭的性格昭然若揭。让他这样的人执法必是双刃剑，法惠民，法也可能害民。执法者应该引以为戒。

周亚夫治军

　　周亚夫是汉朝开国功臣周勃的二儿子，他通晓兵法，善于治军，汉文帝时被任命为河内太守。周勃死后，由周亚夫的哥哥周胜之继承了绛侯爵位，后来因为周胜之犯杀人罪，且与其所娶的公主感情不和，被汉文帝夺去了封地，爵位也因此而中断了一年多。汉文帝念及周勃拥立之功，就从他的儿子中选出贤能的周亚夫，封为条侯，接续绛侯的爵位。

　　汉文帝即位之初，在对匈奴关系上仍然采取和亲政策，汉匈双方多年没有发生大的战争。文帝后元六年（前158），匈奴的军臣单于听信谗言，与汉朝绝交，率领骑兵六万余人，侵犯上郡（治所在今陕西榆林东南）和云中（治所在今内蒙古托克托东北），烧杀劫掠，边

关告急。为了抵御匈奴，汉文帝任命宗正刘礼为将军，驻军霸上；祝兹侯徐厉为将军，驻军棘门；河内太守周亚夫为将军，驻军细柳。

一天，汉文帝办完公务，见天色尚早，遂决定亲自带人去慰劳驻防在长安周边的军队，以鼓舞士气。到了霸上和棘门，军营都可直接驱车而入，将军刘礼、徐厉和他们手下的大小军官都毕恭毕敬地下马迎进送出。接着汉文帝下令前往细柳军营。快到营门口时，文帝远远望去，只见营中将士个个身披铠甲，刀出鞘，箭上弦，保持战备状态。这时文帝的先行卫队已经到了军营门口，却不能进入军营。先行的卫队首领说："天子就要到了！"守卫军门的都尉说："将军有令：军中只听将军的命令，不听天子的诏令。"文帝到了后，也进不了军营。于是他派使者手持符节诏告周亚夫："我要入军营慰劳军队。"周亚夫这才传令打开营门。守卫营门的士兵对皇帝随从人员交代说："将军规定：军营中不能驱马快跑。"于是文帝命随从拉紧缰绳，慢慢走。到了营中，周亚夫手持兵器向文帝拱手说："陛下，身着铠甲的将士不行跪拜之礼，请允许我以军礼参见。"文帝深受感动，派人告知大家说："皇帝郑重地慰劳将军。"劳军仪式结束后，文帝就率众人出了营门。群臣都非常吃惊。文帝却对身边的人不住称赞道："周亚夫忠于职守，他才是真正的将军！霸上和棘门的军队，好像小孩子做游戏。若遭袭击，就可能成为俘虏。至于周亚夫，敌人能有机会冒犯他吗？"

一个多月以后，匈奴撤兵，汉文帝也随即撤回驻防的三支军队。不久，他任命周亚夫做中尉，让他负责京城的治安。

周亚夫的治军给文帝留下了深刻印象。文帝临死时嘱咐太子刘启说："如果国家将来有危难，周亚夫可以担当带兵的重任！"文帝逝世后，景帝即位，任命周亚夫做车骑将军。后来，周亚夫果真在平定"七国之乱"中立下了大功。

◇**孔明点评**◇

汉朝国力的强盛应该奠基于文景之治而始于周亚夫训练细柳营。自汉高祖白登之围后，对匈奴人说好听些

是和亲怀柔，说难听些就是示弱退让，久而久之，导致汉军战斗力直线下降。直至周亚夫带兵治军，以细柳营振作士气与军威，汉军的战斗力才渐渐得到恢复，并日益成为一支强悍的部队。后来汉武帝屡屡用兵边境，便得力于这支部队。周亚夫治军之道无他，就是"加强纪律性，革命无不胜"，再加上训练有素、调度有方、时刻备战等等。即使在今天，周亚夫的治军之道仍未过时。

严于津己的赵禹

　　赵禹是西汉时期斄（今陕西省武功县西南）人，大约生活在汉文帝到汉武帝时期。汉景帝时，周亚夫为丞相，赵禹任丞相史。在丞相府中，众人都称颂赵禹廉洁公正，为人正派，从不谋私利。但周亚夫却不肯重用赵禹，认为他为人严苛，执法过严，不能担任高官。

　　一个偶然的机会，汉武帝刘彻看到了赵禹写的文章，认为其文笔犀利，寓意深刻，见解独特，满朝文武中很少有人能赶得上他，故而对其十分欣赏。不久，汉武帝擢升赵禹为御史，后又让他做了太中大夫，命他与张汤一同负责制定国家法律。

　　当时，汉武帝正在大力整顿吏治，亟须一系列法令对握有大权的勋戚公卿、郡守国相进行有效控制和监

44

察。赵禹和张汤根据汉武帝的旨意，决定对原有的法律条文进行补充和修订，以便用严密的法律来约束众官员。

官员们得知此事后，都希望赵禹能照顾到大家情绪，手下留情，不要把法律条文修订得过于严苛，于是纷纷宴请他和张汤。但赵禹赴宴之后从来不答谢回请。如此几次以后，不少人就说他官架子大，看不起人。

过了一些时候，赵禹和张汤经过周密的考虑和研究，决定制定"见知犯罪不举发者为'故纵'"和"官吏犯罪，上下连坐"等律法，用来限制在职官吏，使他们不得胡作非为。

消息传出后，官员们赶紧请公卿们去劝说赵禹，看他能否稍微修改一些律令，以便有一个回旋的余地。公卿们带了重礼来到赵禹家，谁知赵禹见了众位公卿，只是天南海北地和他们闲聊，丝毫不理会公卿们请他修改律法的暗示。过了一会儿，公卿们见实在说不下去了，便起身告辞。临走前，赵禹硬是把他们带来的重礼退了回去。

如此一来，众官员才真正感到赵禹是个极为廉洁且秉性公正、忠于职守的人。有人曾问赵禹，您难道不考虑周围的人因此有什么看法吗？他说："我这样断绝好友和宾客的请托，就是为了自己能独立地决定、处理事情，按自己的意志办事，而不受别人的干扰！"

◇孔明点评◇

国家之治，首在法治；法治之要，首在立法；立法之本，首在遵守。赵禹深谙此道，并明白以身作则、严于律己的重要性，所以被委以重任之后，坚持洁身自好在前，拒绝同流合污在后，终于使自己的抱负得以施展，使国家吏治得以改善。古往今来，道理一般无二。为官而不能自律，执法而自身例外，服众既难，行之有效则更难。史书将赵禹归为酷吏，有失公允。如果人人遵守法令，按法律办事，不徇私情，赵禹又何必"酷"呢？

张骞 "凿空" 西域

汉武帝时，汉朝经过"文景之治"后，国富民强，军事实力大增。此时，雄心勃勃的汉武帝很想改变汉初以来对匈奴的和亲政策，进行一场反击匈奴的战争。一个偶然的机会，他从一个匈奴俘虏口中了解到，早年西域有个大月氏国，他们的国王在一次反击匈奴的作战中，被匈奴的老上单于杀死，头颅被割下并带回匈奴，做成了酒器。大月氏人为此深恨匈奴，但苦于没有支援的力量，只得迁徙到天山北麓的伊犁河流域。后来，他们又受乌孙国的攻击，再向西南迁到粟特。在这里，大月氏征服了大夏，并在当地立国。立国后，因为地理位置的优势，靠着发展贸易经济变得繁荣。汉武帝了解到这些情况后，就想联合大月氏，共同抗击匈奴。于是他决定派使者出使大月氏。

这时，一个名叫张骞的郎官主动请缨，愿意承担出使大月氏国的任务。汉武帝大喜，遂任命张骞为使节，出使大月氏国。建元二年（前139），张骞由匈奴人甘夫做向导，率领一百多人，经陇西向西行进。他们朝行暮宿，备尝艰辛。张骞牢记使命，意志坚定，不顾环境险恶，困难重重，执着西行。当他们来到河西走廊一带时，不幸被占据此地的匈奴骑兵发现，张骞和随从们全部被俘，并被押送至匈奴王庭。匈奴单于知道张骞此行的目的后，自然不会轻易放过他们。他下令将张骞等人分散开去放羊牧马，并由匈奴人严加看管。为消磨张骞的意志，匈奴单于还为他娶了匈奴女子为妻，并生了儿子。但张骞矢志不渝，虽被软禁放牧，度日如年，但一直在等待时机，准备逃跑，以完成自己的使命。这一等就是十年。

终于有一天，匈奴的看管放松了。张骞逮着机会，和他的贴身随从甘夫一起逃走，离开匈奴，继续向西行进。由于他们仓促出逃，没有准备干粮和饮用水，一路

上常常忍饥挨饿，随时都会倒在荒滩上。好在甘夫射得一手好箭，沿途常射猎一些飞禽走兽，饮血解渴，食肉充饥，才躲过了死亡的威胁。就这样经过几十天，他们越过冰雪覆盖的葱岭，到了大宛（今乌兹别克斯坦境内）。由大宛的人介绍，张骞一行人又通过康居（今哈萨克斯坦东南），到了妫水流域（今阿姆河流域）的大夏，这才找到了大月氏国。

但此时大月氏国已经发生了很大变化。他们迁居到妫水流域后，安居乐业，不想再跟匈奴人打仗了。同时，大月氏人还认为汉朝离自己太远，不能联合起来共击匈奴，因此张骞此次未能完成与大月氏结盟夹击匈奴的使命。他在当地考察了一年多时间，于元朔元年（前128）起程回国。

张骞在东归途中，不幸又被匈奴骑兵抓获，被扣押了一年多。元朔三年（前126），匈奴内乱，张骞乘机带着妻子和助手甘夫逃回汉朝。汉武帝详细地听取了他对西域情况的汇报后，十分高兴，任命他为太中大夫，封甘夫为奉使君。

张骞自请出使西域，历经艰险，前后十三年，足迹遍及天山南北和中亚、西亚各地，是中原去西域诸国的第一人。他虽然未能完成联合大月氏共同抗击匈奴的使命，但却获得了大量有关西域各国的人文地理知识，使生活在中原的人们了解到西域的风土民情，对于巩固统一的多民族国家的发展和民族融合，促进西域社会经济的发展，丰富中原的物质文化生活做出了重大贡献。

◇孔明点评◇

张骞的伟大是怎样说都不为过的。在那样一个时代，奔赴那样遥远的一个地方，去完成那样艰巨的一个外交任务，莫说古人，即使今人其难度也是难以想象的。唯其如此，张骞便是了不起的人物！他出使西域，被匈奴人拘押十余年，仍念念不忘使命，这种精神不是人人都能具备的。由于牢记使命，所以他逃离匈奴后仍不改初衷。虽然联合大月氏抗击匈奴的目的没有达到，但对"凿空"西域的意义深远而巨大，不但丝绸之路由此而开通，对外交流由此而畅通，而且汉王朝的疆域由此而开拓至葱岭，声威由此而远播于万里之遥！历史虽然不能假设，但若没有张骞，中国历史或许要改写。

周举弹劾不避恩人

周举，字宣光，东汉汝南汝阳人，曾担任并州刺史、尚书等职。

东汉顺帝的时候，尚书令左雄推荐时任冀州刺史的周举担任尚书一职。周举为人刚正不阿，也很有政治才干，担任尚书后，很有一番作为。

不久，顺帝又让官员们推举勇猛刚毅而富有才能的人担任将帅。这个时候，左雄任司隶校尉，便推荐前任冀州刺史冯直，说他作战勇猛且有将帅之才。

然而，这个冯直曾经犯过贪污罪，周举觉得即使再勇猛也不适合担任将帅。为此，他弹劾了左雄。

满朝文武官员议论纷纷，都觉得周举之所以能够担任尚书一职，全靠当时左雄的举荐，左雄对于周举来说，应当算是有知遇之恩的，可是周举居然翻脸不认人，连自己的恩人都要弹劾。

左雄也十分生气，对周举说："皇上让我们推荐勇猛的人才，又不是让我们推荐品行清白高洁的人才。冯直勇猛且有才干，正是极好的将帅之才，纵使过去略有污点，又怎么样呢？"周举却不赞同左雄的观点，反驳说："皇上是让我们推荐勇猛的人才，然而您有没有想过，一个犯过贪污罪的人，如果担任将帅后，还像过去一样只贪图一己私利而不顾国家法纪，会有怎样严重的后果？空有勇猛与才干，而没有良好的品行，也是无法出任将帅的！况且，皇上也不可能会让您去推荐犯过贪污罪的人啊。"

左雄听后恼羞成怒，说："当初若不是我推荐了你，今天你也不可能站在这里如此无理地和我说话，我可真是自作自受。从未见过像你这样不知感恩的人！"

周举其实也能理解左雄此刻的心情，于是心平气和地回答说："过去，赵宣子任用韩厥为司马，韩厥却用军法将赵宣子的奴仆杀掉，而赵宣子非但没有生气，反

而对各位大臣说：'你们应该向我祝贺：我曾推荐的韩厥，果然是个尽忠职守的人。'如今，承蒙您当初不嫌弃我并没有什么显著的才能，而误将我推荐到朝廷任此要职，也正因为如此，我才不能处处只是迎合您，而是要秉公行事，这样才能不让您蒙羞啊。"

左雄听到这句话，心中一震，怒气顿时消解，想到自己之所以举荐冯直的原因，又不禁觉得惭愧，于是赶忙向周举道歉说："你说得很对。其实我之所以推荐冯直，是因为我曾经做过冯直父亲的部属，又和冯直是好朋友。我承认自己在这件事上考虑得并不周全。如今你因此而弹劾我，其实弹劾得很对，这正是我的过错。我差点儿就因为一己私利而耽误了国家大事啊！"闻此，周举也被左雄的坦诚所感动，两人冰释前嫌，成为莫逆之交。

◇孔明点评◇

中国自古是个人情社会，大到治国，小到日常生活，人情都如影随形，不但渗透了人心，而且渗透了社会，使公私难以区分，使制度大打折扣。周举之举之所以不被常人理解，直接原因就是常人多以人之常情理解一切。殊不知人之常情倘若不能超越，不加限制，不分青红皂白，时时、处处受到眷顾，则所谓公平、公正，所谓正义、道义，都是一句空话。即如周举，能被识者举荐，当然是他的荣幸，他应该心怀感激，但这只能局限于"小我"，不能与"大我"同日而语，甚至发生冲突。执柄者有此识见和怀抱，何愁国家不会治好？但愿当今中国，多些周举！

乐羊子求学

《后汉书·列女传》记载：有个叫乐羊子的人，娶了一位知书达理、勤劳贤惠的妻子，她总是帮助和规劝丈夫积极上进，做个有抱负的人。

妻子时常对乐羊子说："你是一个堂堂的七尺男儿，要是整日像其他人那样待在家里或者在乡里四邻瞎逛，这样既不能开阔眼界，也不能增长知识，反而白白浪费时间，这样下去是永远不会有什么出息的。你倒不如带些盘缠，到远方去拜访名师学些有用的知识，这样将来也许还能干出一番大事业来，不至于白活一世啊！"

起初，乐羊子对妻子的话不以为然，可时间一长，他渐渐觉得妻子的话很有道理，于是就按照妻子的话，

55

收拾好行李，出远门拜师学艺去了。

过了一年多，一天，妻子正在织布，忽然听见有人敲门。她过去打开门一看，简直不敢相信自己的眼睛，敲门的正是自己日思夜想的丈夫。她高兴极了，连忙将丈夫迎进屋，端茶倒水，互诉思念之情。之后，妻子问他为何回家，乐羊子望着妻子笑着回答说："与你离别的日子太久了，十分想念，于是就想回来看看你。"

妻子听了乐羊子的话，没有说一句话，表情很是难过。过了一会儿，她突然抓起剪刀，快步走到织布机前"咔嚓咔嚓"把织了一大半的布都剪断了。乐羊子吃了一惊，问道："你这是干什么？"妻子回答说："这匹布是我日日夜夜坚持不懈地织呀织呀，才一丝一缕地积累起来，一分一毫地变长起来，终于织成了一整匹布。现在我把它剪断了，白白浪费了宝贵的光阴，它也永远不能恢复为整匹布了。学习也是一样的道理，要一点点地积累知识才能成功。你现在仅仅因为思念我，就中途跑回来，不愿坚持到底，这不是和我剪断布一样可惜吗？"

　　乐羊子听了妻子的话，恍然大悟，意识到自己错了，不由得羞愧不已。于是，他当即告别妻子外出求学。七年之后，他才学成回家。

　　◇**孔明点评**◇

　　乐羊子的妻子以其远见和勇气帮助丈夫坚定了求学的意志，而乐羊子也终于以惊人的毅力克服困难，坚持学习。这一切都告诉我们，学习需要持之以恒的精神，不是一蹴而就的事，我们应该磨炼自己的意志，不懈地努力。

华佗行医

华佗是我国东汉时期杰出的医学家，与董奉、张仲景并称为"建安三神医"。他自小熟读经书，尤其精通医学，不管什么疑难杂症，到他手里，大都药到病除。其行医足迹遍及安徽、山东、河南、江苏等地，曾创造了许多医学奇迹。

华佗诊病极其准确。一次，府吏倪寻和李延两人都患头痛发热，遂一同前去让华佗诊治。华佗经过仔细地望色、诊脉，给倪寻开了泻药，给李延开了发汗药。两位病人一看处方，很是纳闷，问华佗为什么他们病情相同，用药却不一样。华佗解释说：倪寻的病是由于饮食过多引起的，病在内部，应当服泻药，将积滞泻去，病就会好；李延的病是受凉感冒引起的，病在外部，应当

吃解表药，风寒之邪随汗而去，头痛也就好了。两人听了很是信服，一回去就抓药服了，果然病都好了。

有一次，华佗在路上遇见一位咽喉阻塞的病人，吃不下东西，正乘车去医治。病人呻吟着，十分痛苦。华佗走上前去仔细诊视了病人，就对他说："刚才我来的路上有家卖饼的，那里有蒜泥和大醋，你向店主买三升来吃，病痛自然会好。"病人按他的话，吃了蒜泥和大醋，过了一阵吐出一条像蛇一样的寄生虫，病也就好了。于是病人把虫悬挂在车边，到华佗家去拜谢。当时华佗还没有回家，他的两个孩子在门口玩耍，迎面看见来人，就说："那一定是父亲治好的病人。"那病人走进华佗家里，见墙上正挂着几十条同类的虫。原来华佗用这个民间单方，早已治好了不少病人。

华佗不但能治内科，还善于做手术。他经过多年悉心观察与实践，配制出一种叫麻沸散的麻醉剂。有个病人患肚痛病，痛得厉害，十多天后，胡须、眉毛竟然全部脱落。于是他就去找华佗诊治。华佗一诊断，说：这是脾脏溃烂了，得赶快开腹治疗。他先让病人服了麻沸散，然后打开其腹腔，把里面坏死的脾脏切除，再缝好创口，敷上药膏。过了几日，病人创口愈合，一个月后就恢复健康了。

史书上记载的有关华佗治病的故事还有很多。据说广陵郡太守陈登得了病，心中烦躁郁闷，脸色发红，不想吃饭。华佗为他诊脉说："您胃中有好多寄生虫，将在腹内形成毒疮，这是由于经常吃生腥鱼肉造成的。"于是，他给陈登配制了两升药汤，先让他喝了一升，过了一会儿又喝了一升。一顿饭的功夫，陈登吐出了许多小虫，这些小虫赤红色的头还会动。经华佗这么一治，陈登的病好了许多。但华佗临走时告诉他，这种病三年后还会复发，只有碰到良医才有办法治疗。三年以后，陈登果然旧病复发，当时华佗不在，由于缺乏良医，陈登还是病死了。

在为人治病的同时，华佗还提倡导引养生。他创编了"五禽戏"，就是模仿五种动物的形态、动作和神态，来舒展筋骨，畅通经脉。五禽，分别为虎、鹿、熊、猿、鸟。常做五禽戏可以使手足灵活，血脉通畅，

还能防病祛病。他的学生吴普桑用这种方法强身，活到了九十岁还耳聪目明，齿发坚固。

曹操是华佗的同乡，一直患头疼病，每次发作都十分痛苦。他听说华佗医术高明，就把他请来为自己诊治。华佗为曹操扎了几针，其头就不痛了。曹操见华佗医术如此高明，就不肯放他，把他留下来做了随从医官，以便随时给自己治病。

华佗虽然乐于帮助人，热心给人们治病，但他不愿侍候王公贵族，便称妻子有病告假回家。曹操没有怀疑，就让他走了。华佗回到家里，托人给曹操捎了一封信，说他妻子病得厉害，一时回不了许都。曹操一再催促，华佗还是拖着不去。曹操又命令郡县官吏去催，华佗还是不愿奉命。这一下可惹恼了曹操。于是他派了个使者到华佗家乡去调查，结果发现华佗的妻子并没有生病。曹操大怒，下令把华佗抓了起来并押到许都。他认为华佗故意违抗他的命令，是大逆不道的行为，下令把他处死。谋士荀彧认为这个处罚太重了，劝曹操说：

"华佗医术高明，他一死，牵涉到许多人的生命，希望

61

丞相从轻发落。"　曹操本来也是个爱惜人才的人，可自从打败了袁绍后，有点骄傲起来，加上此时正在气头上，哪肯听荀彧的劝阻，执意要判华佗死罪。

华佗被捕离开家乡的时候，随身还带着一部医书，这是他根据多年来积累的经验写成的。他原本没想到得罪曹操会招来杀身大祸。眼看自己的生命就要走到尽头，华佗觉得让这部书湮没太可惜。临刑前一天，他把狱吏请来，对他说："请您把这部书好好保存，将来可以靠它治病救人。"　那狱吏胆小，怕接了华佗手里这部书，将来曹操追究起来，自己受到牵连，说什么也不肯保管。华佗十分失望，他叹了口气，向狱吏要了火种，在监狱里把医书一把火烧了。

华佗被处死后，曹操头风病发作，就再也找不到合适的人给他医治。但是曹操并不肯承认自己错杀了华佗。直到赤壁之战大败后，他最喜欢的小儿子曹冲得了重病，家里人到处请医抓药，都不见效。眼看孩子没有救了，曹操这才伤心地说：要是华佗在，或许还能治好孩子的病。

华佗有精湛的医术，乐于为百姓疗疾解难。他始终坚持为百姓诊治疾病，不愿做曹操一人的侍医。面对死亡，他也不改自己的志向。这就是他的医德，他的敬业精神。

◇孔明点评◇

以古代的医学水平而视之，华佗真算得神医。他的"神"除了医术之高超外，恐怕还得加上对医德和敬业精神之恪守。既已许身"救死扶伤"之医业，便无心他顾，不为名利所动，即使魏王曹操征召，仍然不肯屈就权门而放弃医治民众疾病的责任，这恐怕是华佗最大的医德，也是他敬业精神的一个侧面写照。像华佗那样做人值得称道，但要做到殊为不易，不投身权门就有可能不为权势所容，此中利害，以华佗之智，应该心知肚明，但两相权衡，他仍不改医者医众的初衷，这便难能可贵，足可作为后人典范。

王猛临终不忘国事

东晋大将桓温第一次北伐驻军霸上的时候，有一天，一个穿着破旧短衣的读书人到军营求见他。当时桓温正想招揽人才，听说来了个读书人，就很高兴地接见了他。

来人名叫王猛，他从小家里就很贫穷，为了糊口，年纪轻轻就以贩卖畚箕为业。他非常喜欢读书，常常手不释卷，广泛汲取各种知识，特别是军事方面的知识。慢慢地，王猛成长为一个英俊魁伟、雄姿勃勃且很有抱负的有为青年。由于出身寒微，当时关中士族都看不起他，唯独有个叫徐统的人感觉王猛不简单，想请他到前秦的官府里做个小官。王猛没有答应，而是隐居在西岳华山，静候时机。

桓温见到王猛，想试试他的才学，就请他谈谈天下的形势。王猛把南北双方的政治、军事形势分析得一清二楚，见解十分精辟。桓温听了不禁暗暗佩服。王猛一面谈，一面把手伸进衣襟里摸虱子。桓温左右的兵士们见了，差一点笑出声来。但是王猛却旁若无人，照样跟桓温谈得起劲。

桓温看出王猛是一个难得的人才，从关中退兵的时候，他再三邀请王猛一起南下，还封他一个比较高的官职。王猛知道东晋王朝的内部矛盾很大，拒绝了桓温的邀请，仍旧回到华山隐居。

当时，有一个名叫苻坚的前秦贵族，一直想找个得力的助手。有人向他推荐了王猛，于是苻坚就派人把王猛请来，孰料两人一见如故，他们谈起历史兴衰，见解竟然出奇一致。苻坚高兴得不得了，认为他找到王猛就像当年刘备找到诸葛亮一样。从此，王猛成为他最信任的幕僚。后来，苻坚通过政变做了前秦的皇帝。王猛更是成为他的亲信，一年里被提升五次，权力大得没人能跟他比。

　　王猛受到苻坚的信任，帮助苻坚镇压豪强，整顿朝政。王猛兼任京兆尹的时候，太后的弟弟、光禄大夫强德酗酒闹事，强抢人家的财物和女眷。王猛一到任就逮捕了强德。他一面加紧审问强德，一面进宫向苻坚报告。等到苻坚派人来宣布赦免强德时，王猛早已把他处决了。以后几十天里，长安城的豪门权贵、皇亲国戚，被处死、判刑、免官的就有二十多人。朝廷官员大为震惊，再不敢胡作非为了。苻坚赞叹说："我现在才懂得国家为什么要有法制呀！"

　　过了十几年，前秦在苻坚和王猛的治理下，国力越来越强大，先后灭掉了前燕、代国和前凉三个小国，统一了黄河流域。

　　公元375年，王猛得了重病。苻坚前去探望。躺在病床上的王猛十分感动，他哽咽着对苻坚说："东晋虽然远在江南，但它是继承晋朝正统的，而且现在其朝廷内部相安无事。我死之后，陛下您千万不要去攻打东晋。我们的敌人是鲜卑人和羌人，留着他们总是后患。一定要把他们除掉，这样才能保障国家的安全。"苻坚

不断点头称是。不久，王猛就去世了。

王猛去世后，苻坚三次到他的棺材前祭奠恸哭。他对太子苻宏说："老天爷是不想让我统一天下呀，怎么这样快就夺去我的景略啊！"于是，苻坚按照汉朝安葬大司马大将军霍光那样的最高规格，隆重地安葬了王猛，并追谥王猛为"武侯"。

◇孔明点评◇

王猛治国有方，这是没得说的。我以为更值得说的是"良禽择木而栖，良臣择主而事"。王猛是智者，他深谙事主之道；苻坚更是智者，他懂得用人之道。苻坚知人善任，王猛才得以施展治国方略；王猛投桃报李，为国为民不遗余力。显而易见，王猛背后倘无苻坚强而有力的支持，莫说他建功立业，能否善终都成问题；苻坚倘若不能信任而放手让王猛执政，王猛再能干，也可能半途而废，或者善始不能善终。王猛何其幸哉！苻坚亦何其幸哉！

范缜不信鬼神

佛教于两汉之际传入我国，到南北朝时，逐渐盛行起来。在南朝齐的朝廷里，从皇帝到大臣，都十分崇尚佛教。南齐的宰相、竟陵王萧子良就是一个以信佛而著称的人。

萧子良在建康郊外的鸡笼山修建了一座西邸，常常在那里招待名士文人，喝酒谈天。有时候，他也请一些和尚，到那里讲解佛教的道理。萧子良还亲自给和尚们备饭倒茶。大家都认为他这样做有失宰相的体统，可他并不在乎。

有宰相的提倡，佛教的势力自然更大了。当时，佛教宣扬一个人的富贵或者贫贱，都是前世的"果"，穷人受苦受罪，都是命里注定、没法抗拒的。因此，很多

人相信"因果报应"，把希望寄托于"来生"。

在萧子良的文人朋友中，有一个叫范缜的人。他博学多才，性格耿直，尤其难能可贵的是他对事物的认识有自己独立的见解，不因为官高爵显的萧子良信佛而苟同于他。这使得萧子良大为不快。

在一次文友论辩会上，萧子良问范缜："你不信鬼神，不相信因果报应，又怎么解释人生来就有富贵贫贱之分呢？"

范缜从容不迫地说："人生就好比树上盛开的花朵，当一阵风吹来，有的花瓣随风飘到厅堂，落在席上、坐垫上；有些却随风飘到茅厕，落到粪坑里。落在厅堂席上、坐垫上的花瓣就是像您一样的王公贵族，而落到粪坑里的花瓣就是像我一样的平民百姓。这些都是偶然现象，哪里有什么因果报应。"

这一番话说得萧子良哑口无言。

范缜还以笔为武器，写了一部批判佛教思想的著作，名叫《神灭论》。在书中，他针对佛教所宣扬的人的灵魂可以脱离形体独立存在，人死之后形体灭亡但精神可以依附于其他形体的论点,指出:人的精神和形体是互相结合的统一体,精神依附于形体而存在,必然随形体灭亡而灭亡。他形象地把人的形体与精神的关系,比作刀刃与锋利的关系,没有刀刃,锋利又从何谈起?同样,形体不存在了,精神又从哪儿来呢?同时他还进一步指出,一味佞佛会带来严重的社会危机。

范缜的《神灭论》发表之后,朝野上下一片哗然。萧子良更是火冒三丈,他凭借宰相的权力,调集众僧名士,软硬兼施,轮番围攻范缜。但由于他们讲不出像样的道理,尽管人多势众,也没有驳倒范缜。有个信佛的士族王琰借儒家讲究孝道为武器,嘲讽范缜说:"范先生呀,您不信神灵,恐怕连您祖先的神灵在哪里都不知道吧?"范缜冷笑一声,巧妙地回答:"您相信神灵,知道您的祖先神灵在哪里,那您为什么不去找他们呢?"一席话问得王琰哑口无言。

过了几天,萧子良又派名士王融到范缜那儿,企图用加官晋爵引诱他,使他放弃自己的观点。王融见到范缜说:"像你这样有才华的人,还怕做不到中书郎那样

的高官？何苦要坚持那些异端邪说，与宰相作对，自毁前程呢？"

范缜听后哈哈大笑，回答说："倘若我范缜肯出卖自己的信仰去捞取官位，恐怕早就当上尚书令、尚书仆射一类的高官，又岂止一个小小的中书郎呢？"说完便拂袖而去。

萧子良拿范缜没有办法，也只好由他去了。

不久，范缜出任宜都太守。他到任后，发现当地庙宇很多，百姓十分迷信，经常到庙里求神拜佛，抽签问卦。范缜立即下令封闭庙宇，严禁百姓祭拜。此事在当地闹得沸沸扬扬。范缜在宜都太守任上没多长时间，母亲就去世了，他因此辞官，回到家乡守丧。

后来，雍州刺史萧衍带兵攻进建康，灭齐建梁。他就是历史上以崇佛而著称的梁武帝。梁武帝萧衍以前就认识范缜，而且他们关系很不错，于是当了皇帝后，他就任命范缜为晋安太守，没几年又调他回京担任尚书左丞一职。但是范缜不为所动，依然坚持己见。他把自己的《神灭论》做了一下修改，在亲友之间散发，再一次向佛教发出了挑战。

为了限制范缜的《神灭论》在更大的范围流传，当时管理全国僧侣的最高僧官，大僧正法云上书梁武帝，提醒他用皇帝的威严压服范缜。梁武帝崇尚佛教，当然对范缜十分不满，视《神灭论》为邪书。但为了显示自己的宽宏大量，他下了一道《敕答臣下神灭论》的诏书，一方面说关于信佛不信佛这个问题可以自由讨论，一方面又斥责范缜"违经背亲"。于是大僧正法云便把梁武帝这道诏书抄写了很多份，分发给当时的王公大臣及僧侣名士，煽动他们围攻范缜。很快，这些人就回复法云，表示坚决支持他，反对范缜的《神灭论》。

范缜对此毫不示弱，他将《神灭论》改写成有宾有主、一问一答的文体，勇敢地接受了梁武帝、众王公大臣及僧侣名士的挑战。法云等人轮番向范缜展开进攻。先后参加围攻的有六十四人，他们东拼西凑了七十五篇文章。可是，这些人多是无真才实学的御用文人，才华、文笔、思辨能力与范缜相差甚远，最后只能以谩骂代替争论。

在这场前所未有的大论战中，范缜大获全胜。但梁武帝对此却大为光火，从此不再主张自由辩论，并下令不许范缜再发表"神灭论"的观点。这时，有个叫任昉的御史中丞见风使舵，趁机罗织罪状，上书弹劾范缜。梁武帝不问青红皂白，将范缜流放到边远的南方。

范缜经受如此打击，人一下子老了好多，没过几年就去世了。但他至死都没有放弃自己的观点。

◇孔明点评◇

范缜的可敬可爱、可圈可点之处在于既持无神论思想，便义无反顾；坚持真理，无所畏惧；挑战权贵，不为现实利益所引诱、所驱动。即使皇帝带头与他辩论，他照样迎战，而且雄辩滔滔，大获全胜。范缜是有脊梁骨的中国古代知识分子，他的风范，他的气魄，他的见识，都值得后世敬仰。当然，有一点也不能忽略，那就是南朝齐、梁政府对他的宽容，须知佛教在当时何等尊贵，范缜的无神论思想无疑大逆不道，然而辩则辩矣，甚至群起而攻之，但终究没有突破底线，使范缜不但生命没有受到威胁，反而做官至终老。

郦道元著《水经注》

南北朝时期，北魏统一黄河流域后，政治相对稳定，南北方的文化交流也日益密切，于是在士大夫中兴起了游山玩水的风气。我国历史上第一部记录全国河流情况的综合性地理学名著《水经注》就这样诞生了。它的作者是郦道元。

郦道元出生于范阳涿县（今河北涿州），其祖父和父亲都做过北魏的大官。他从小就跟父亲转徙各地，父亲刚正不阿、尽职尽责的作风对他影响很大，使他成长为一个疾恶如仇、正直无私的人。

父亲去世后，北魏朝廷让郦道元承袭了父亲的爵位，后来又任命他为御史中尉，负责纠察失职、枉法的官员。郦道元为官忠于职守，办事果断，不徇私情，对

各类违法犯纪的人严肃查处，哪怕是贵族也毫不留情，因此得罪了一些地方豪强和皇亲国戚，成为他们的眼中钉、肉中刺。这些人到处造谣，说他是酷吏。郦道元也因此多次受到朝廷指责，但他仍然坚持自我。

郦道元从小就喜欢名山大川，长大以后，他更喜欢游历各地，有时和一些好友结伴出游，有时干脆自己背起铺盖浪迹四方。做官之后，郦道元利用工作的便利条件，每到一个地方，都要游览当地的名胜古迹，认真观察山川地理形势，弄清每座山的方位、高度，每条河的源流，记录什么时候发生过山崩、地震、河流改道，以及关于这些山川的传说、故事，还有当地的风土人情，等等。他的足迹遍及今天的内蒙古、河南、河北、山西、山东、安徽等广大地区。

除了游历，郦道元还酷爱读奇书，特别是《山海经》《禹贡》《职方》《禹本纪》之类的书。在读这些书的过程中，他渐渐发现这些书关于山川地理位置的记述多有前后矛盾的地方，有的记述得不太具体，这更增加了他对地理学的兴趣。

　　一天，郦道元的一位朋友从南方回来，给他带了一本郭璞的《水经注》。郦道元一看十分高兴，接连几天手不释卷。《水经》由汉代桑钦所作，是我国古代第一部系统记述全国河流状况的书，文字简略，郭璞为这本书作了注。但郭璞在为《水经》作注时正赶上天下大乱，对北方的河流没法详细记录，这实在是太遗憾了。于是，郦道元决心以《水经》为蓝本，重新为其作注解。他把自己多年来游历记录的资料按《水经》的框架结构分门别类，同时把河流流域内的山脉、土壤、物产、城邑沿革、居民聚落的变化都写进注文中。

　　开始为《水经》作注时，郦道元已经四十多岁了，他白天到官署办公，晚上在一盏青灯前伏案著述，直到午夜过后才休息。过了两年，北方水系的写作基本完成，江南的许多水系却由于当时南北政权对立，无法实地考察。为了解决这个难题，郦道元用心收集南方的地理著作，查阅古代的典籍，并且找来官府的地形图，一个水系、一个水系地仔细推敲，考证研究。此外，他还亲自走访从南方过来的商人、文士，询问南方的地理情况，

再结合文献研究，认为有把握了才写进书里。到这部书全部完稿时，郦道元已经五十多岁了。

《水经注》全书三十多万字，详细介绍了南北朝时期我国境内一千多条河流以及流域内的郡县、城市、物产、风俗、传说、历史等。该书还记录了许多碑刻墨迹和渔歌民谣，其文笔雄健俊美，既是古代地理名著，又是山水文学的优秀作品，是一部具有文学价值的地理著作。

◇**孔明点评**◇

把一部地理书写成了文学名著，可以说郦道元创造了一个奇迹，这样的奇迹当然不是凭空而来。《水经注》之所以能脍炙人口而流芳百世，其一是因为郦道元有心，处处留心皆学问；其二是因为郦道元喜爱游历，对祖国山河了如指掌又兼有真情实爱；其三是因为郦道元有文学才华；其四是因为郦道元既有志于为《水经》作注，便毕其功于一役，善始善终。郦道元因一书留名青史，足可垂范后人，鼓舞后人，启示后人。

万宝常位卑知敬业

万宝常是我国隋代著名的音乐学家，他出生于南梁。陈灭梁后，他随父亲渡江北上，归附于北齐。在北齐生活了没几年，父亲因为受不了高氏政权的残暴统治，打算重新返回南朝。孰料计划不周，父亲被杀，万宝常因此受到株连。按照当时北齐的法律，不满十岁的他被"配为乐户"，成为卑贱的、没有人身自由的乐工。

虽然命运对幼小的万宝常来说的确有些残酷无情，但在人才济济的北齐宫廷乐工中，他却意外地获得了充分的学习机会，其自身的音乐天赋也得以在这里施展和发挥。经过一段时间的学习，万宝常不但能熟练演奏各种乐器，而且精通音律，一时在乐工中小有名气。

一天，万宝常与其他乐工一起吃饭，饭间大家讨论起音乐曲调。谈论到高兴处时，他随手拿起筷子，敲击面前的杯盘碗盏，那些大大小小的杯盘碗盏立刻发出抑扬顿挫的旋律，不亚于弦乐之妙。谁知万宝常这个偶然举动奏出的乐调，碰巧被路过的北齐宰相、音乐大家祖珽听到了，他对万宝常的音乐才能极为欣赏并愿意收他为徒。

万宝常以前就曾听乐工们说过祖珽，对他十分敬重。这下他成了这位传奇音乐家的弟子，自然十分珍惜跟他学习的机会。在祖珽的指点下，万宝常勤奋努力，不断进步，逐渐精通了传统音乐的理论，并熟练地掌握了五音十二律的运用技巧和表现方法。在此期间，他还为北齐宫廷制造了精美的玉磬，使其成为宫廷演奏时必不可少的乐器。

不久，北齐被北周灭掉，万宝常成了俘虏，被带到北周的国都长安，成了北周的乐工。在长途跋涉中，他常常用音乐为自己和同行者解除寂寞和疲劳。同时，坎坷的命运使他在颠沛流离中悟出了更多的道理，并创作出了更多深刻的作品。其间，万宝常做了一项非常了不起的发明，即巧妙地改变了琵琶的弦柱，把原来固定的弦柱改为活动的，这样，便能弹奏出更多的乐调来。

后来，北周外戚杨坚代周自立，建立隋，他就是隋文帝。为了适应开国形势的需要，隋文帝召集沛国公郑译、太子洗马苏夔等人着手整顿宫廷音乐，准备颁行新的律制。但这些人各怀私心，争论很久也没个结果。当时，万宝常已经是一个很有名的乐工了，因此每次有关乐制的会议，隋文帝都叫他参加，并征求他的意见。

在参加乐制讨论的人中，郑译推崇胡乐，而苏夔坚持中原的雅乐为正宗，视胡乐为蛮夷之乐，不屑一顾。万宝常多年潜心研究乐曲，深知胡乐与中原雅乐各有所长，若将二者精华结合，将会取得意想不到的效果。可当他把自己的见解说出来时，那些权贵却认为他身份卑贱，根本不采纳他的意见。

尽管如此，万宝常仍执着于对音乐艺术的追求。过了一段时间，郑译将自己修订的宫廷乐曲献给隋文帝。隋文帝召见万宝常，问他郑译修订的乐曲行不行。万宝

常说那些乐曲奏出的是亡国之音，旋律哀怨、软绵无力，不是正宗的宫廷音乐，极力反对使用这种乐曲。于是隋文帝就下诏让万宝常创作新乐曲。新乐曲创作出来后，万宝常按新法编制了乐队，演奏的效果果然和郑译的乐曲大不相同。

可是，宫廷主管音乐的太常卿等人却不喜欢万宝常创作的乐曲。他们在隋文帝面前极力诋毁、贬低万宝常，最终使得他创作的乐曲及制造的乐器不被使用。而万宝常从此也被隋文帝日渐疏远，最后竟在贫病交加中死去。

◇孔明点评◇

作为古代音乐家，万宝常令后人尊敬，也给后人启示。我们尊敬他，是因为像他那样的古代音乐家不是很多，而是很少。他在中国音乐史上的贡献与他所应得的身后声誉并不匹配，这又令我们遗憾。令人欣慰的是他的名字毕竟载入了史册，而他给后人的启示尤其有借鉴意义。首先，位卑不堕其志，处逆境而上进；其次，遇知音而师之，孜孜以求，不改初衷；再次，师古不泥古，温故而知新。

"慈母官"辛公义

中
华
敬业
故事

《隋书》记载：隋朝人辛公义曾任岷州（今甘肃岷县）刺史。

岷州当地有个习俗，就是害怕病人，假如一个人患病，全家人都躲避他。父子之间、夫妻之间互相不看护照料，忠孝仁义之道都失去了，故而患病的人大多只能等死。

辛公义对这种情况感到担忧，想改变当地这个习俗。于是，他分别派遣官员巡行视察管辖地，凡是患病的人，都用床运来，把他们安置在处理政务的大厅里。夏天流行瘟病时，病人有时候有几百人，厅堂内外都躺满了病人。辛公义亲自摆放一榻，独自坐在厅里面，从白天到黑夜，面对病人处理政务。所得俸禄，用来买

药，请医为他们治病，还亲自劝他们进食。结果他们全部病愈。

辛公义叫来他们的亲人，并告诉他们说："死是由天决定的，不会相互传染。过去你们抛弃他们，这是怕死的原因。现在我将患病的人聚集起来，并在他们中间办公、睡觉，假如说能传染，我哪能够不死的？你们看，病人又恢复健康了！你们不要再相信传染这件事。"

那些病人的家属都十分惭愧地拜谢离开。于是，这里的人开始关爱有病的人，不良风俗慢慢改变了，全境内的人都称呼辛公义为"慈母官"。

◇**孔明点评**◇

辛公义之举有三点启示。其一，愚昧和迷信是可怕的，任其蔓延，就会形成恶俗。譬如隋代岷州人害怕传染，就抛弃病人，夫妻、父子都不例外，这不就是恶俗吗？其二，改变恶俗，或者说移风易俗，不能蛮干，而要巧施计谋，且行之有效。为官之人，尽职尽责自是本分，而善于为政，则是更高一筹了。岷州刺史辛公义把病人集中起来，现身说法，使百姓不能不心悦诚服。其三，一方官员唯有"慈母"之心，才会慈悲为怀，以大德、大度对待百姓。大德就是不嫌弃病人，亲自呵护；大度就是不嫌弃愚昧无知者，用事实说话，因为事实胜于雄辩。

妙手回春的孙思邈

  孙思邈是我国唐代著名的医药学家。他出身于一个贫苦农民家庭，小的时候体弱多病，有一次几乎被瘟疫夺去生命，幸亏一位游方郎中施舍了一服草药才救了他一命。从那以后，孙思邈认识到医药的神奇作用，便精心钻研传统医术，搜集整理民间验方，并不断总结创新，年纪轻轻便成为一个医术和威望都很高的大夫。

  孙思邈医道渐成后，一心一意为百姓治病。不论是三更半夜，还是风霜雨雪，只要有人请他治病，他从不推辞，一定立刻赶去救治。遇到家境穷困的，他不但免费救治，而且还按时送药给病人服用，直到其完全康复。他常对人说，金子贵重，但人的生命比金子更贵重，因而救死扶伤是多少金子都买不到的。

　　为了能更多地救助病人，孙思邈经常出入深山老林，手执小镐，身背药篓，采集各种草药。草药采回来后，他按照医书记载将其分类晾晒、加工，制成各种类型的中药。有时，为了弄清楚一些不知名的草药的药性，孙思邈总是要冒着生命危险，亲自品尝这些草药，看看它们究竟对人体有何作用。正是凭着这股对医药事业的热爱和执着，他研制出了许多治疗疾病的方子。

　　当时，某地山区的一些老百姓白天视力正常，可到了晚上，就什么也看不见了。大家都感到很奇怪，不知道自己得了什么病，便找孙思邈诊治。孙思邈经过调查发现，患这种病的人都来自穷苦人家，他们终日劳作，得不到温饱，更缺乏营养食品。他想到医书中有"肝开窍于目"的说法，于是建议患这种病的人，捕捉一些山区常见的飞禽或野羊、野猪等走兽，吃它们的肝脏。这些病人按照孙思邈的说法，吃了一段时间动物肝脏，所患的病便慢慢地好转了。与此同时，当地有几家富人也找孙思邈看病。这些人身上发肿，肌肉疼痛，总是感觉浑身没有力气，孙思邈仔细地为他们诊断后，认为他们

得的是脚气病。他想："为啥穷人得的是眼病，富人得的是脚气病呢？这很可能也和他们的饮食有关系。"于是，孙思邈仔细比较了穷人和富人的饮食，发现富人多吃精米白面、鱼虾蛋肉，而穷人多吃五谷杂粮，五谷杂粮内夹杂着不少米糠麸子，精米白面把这类东西全去掉了。他认为，脚气病很可能是因为食物中缺少米糠和麸子这些物质引起的。于是他试着用米糠和麦麸来治疗脚气病，果然很是灵验，不到半年，周围几家富人的脚气病也陆续治好了。后来，孙思邈在诸多诊疗实践中发现用杏仁、吴茱萸等几味中药也能治好脚气病。

孙思邈不但对医术精益求精，而且在医疗实践中不断创新，发现了一些新的疾病，创造出一些新的治疗方法。有一次，一个人不知得了什么病，尿不出尿来，憋得十分难受，于是他的家人赶忙请孙思邈前来救治。孙思邈看到病人痛苦的样子，觉得吃药对他来说已经来不及了，弄不好还会出人命，必须想一个办法，尽快把病人的尿导出来。这时，他恰好看见病人邻居的孩子拿着一根葱管在吹着玩儿，葱管尖尖的，又细又软，孙思邈决定用葱管来试一试。于是他挑选出一根适宜的葱管，在火上轻轻烧了烧，切去尖的一头，然后小心翼翼地插进病人的尿道，再用力一吹，不一会儿病人的尿就顺着葱管流了出来。病人的小肚子慢慢瘪了下去，病也就好了。

孙思邈不仅在药理知识的运用上成就突出，而且在针灸技术的发展和应用方面也有很高的造诣。一次，孙思邈翻山越岭到长安一带行医，行走途中，突然看到四个人抬着一口棺材走了过来，后面跟着一个哭得死去活来的老太太。当抬棺材的人走过时，孙思邈看见不断有鲜红的血液从棺材缝隙里滴出。看到这一情景，他心中一惊，赶忙追上去询问跟在棺材后面的老太太。老太太见有人问她，哭得更伤心了。她告诉孙思邈，死者是她的独生女儿，因为生孩子难产，娘儿俩都死了。孙思邈一听，赶紧问老太太，死者死了多长时间。老太太告诉他都大半天了。孙思邈听了这话，又仔细察看了棺材缝里流出来的血水，心想：如果这个产妇真死了，又经过大半天时间，就不可能再流出鲜红的血液来。他断定：

这个产妇没有死！于是孙思邈赶忙叫众人停下并打开棺材，说他能有办法救活产妇。老太太一听，半信半疑地让人把棺材盖打开了。棺材一打开，孙思邈上前一看，只见那产妇脸色蜡黄，嘴唇苍白，没有一丝血色。他摸了摸产妇的脉搏，发现脉搏还在微弱地跳动着，于是赶紧掏出银针，准确地选好穴位，猛地扎了下去。接着他又把身边带的药拿出来，给产妇灌了下去。过了一会儿，产妇竟慢慢地苏醒，并生下一个胖娃娃。大家见孙思邈把行将入土的人都救活了，而且是一针救活了两条人命，都情不自禁地赞颂他是"起死回生的神医"。

还有一次，一个患腿痛病的人来找孙思邈治病。孙思邈仔细查看了一下病人的腿，取出银针，按医书上的穴位，给他扎了几针。但几针下去，不但没有给病人减轻疼痛，反而使病人觉得腿比以前更痛了。孙思邈纳闷了，心想：难道除了古人发现的三百六十五个穴位，就再没有别的穴位了吗？于是他便认真地寻找起新的穴位来。他一面用大拇指轻轻按掐病人的身体，一面问其按掐的部位是不是很痛，病人一直摇头。最后，当孙思邈的手指按掐住一点时，病人立即感到腿痛的症状减轻了好多。孙思邈就在这一点扎了一针，病人的腿立刻就不痛了。这种随痛点而定的穴位，叫作阿是穴，又名天应穴、不定穴。这是孙思邈对我国针灸学的一大贡献。

孙思邈的名气越来越大，很快就传遍全国。隋文帝、唐太宗、唐高宗先后都想征召他入朝做官。但孙思邈一心扑在医学事业上，把为穷苦百姓治病作为自己的最大乐趣，因而一次又一次地放弃了入朝做官的机会。他注重实践，勇于创新，在总结前人经验并结合自己实践的基础上，撰著了《千金要方》《千金翼方》等多部医学经典，为我国中医药的发展做出了卓越的贡献。正因为如此，他被历代的老百姓尊称为"药王"，奉若神明。

◇**孔明点评**◇

有个成语叫"有口皆碑"。中国古代药王孙思邈的民间声名就是"有口皆碑"。他是行医的，他所处的那个时代，医者的社会地位并不高，但他志在医业，乐此不疲，即使朝廷征召，授予他"国子博士"称号，他也

推辞不就，终其一生，都在治病救人的路上。医者慈悲心，孙思邈活了一百零一岁，救人无数。他医术高明，妙手回春，却依旧精益求精；他医德高尚，谨守医道，看病不分贫富贵贱。孙思邈在民间有药菩萨、孙真人之美誉，其救死扶伤的故事在民间广为流传，以至于千百年来声名不衰。既救人于水火，又养生于道德，何乐而不为？孙思邈的仁爱品德和职业精神足可垂范后人。

直言敢谏的魏徵

中华
敬
业
故事

　　魏徵是我国初唐时期伟大的政治家、思想家和杰出
的历史学家。他辅佐唐太宗李世民十七年，以敢于"犯
颜直谏"而著称。

　　魏徵出身于一个贫苦农家，父亲早早就去世了。
三十八岁那年，他参加了李密领导的起义军，为李密掌
管文书。不久，他跟随李密投奔李渊，干的还是文字书
写之类的工作。唐武德四年（621），太子李建成征召
魏徵为东宫僚属，负责管理图书典籍。当时，太子的弟
弟、秦王李世民任尚书令，总理朝政。魏徵看到太子与
秦王李世民的矛盾日益加深，已到了剑拔弩张的程度，
遂多次劝太子先发制人，除掉秦王李世民。但太子犹豫
不决，迟迟不肯动手。

武德九年（626），秦王李世民抢先在玄武门动手，杀死太子李建成和齐王李元吉，史称"玄武门之变"。

这时候，有人向秦王检举，说东宫有个叫魏徵的官员，曾经多次鼓动李建成要杀害他。秦王听后大怒，立刻命人把魏徵召来。

魏徵上殿后，秦王板起脸来问他："你为什么要挑拨离间我们兄弟间的关系？"

左右大臣听秦王这样发问，以为他是要算魏徵的老账，都替魏徵捏了一把汗。谁知魏徵却面无惧色，坦然地回答道："可惜那时候太子没听我的话，要不然，也不会发生今天这样的事了。"秦王一听，十分惊异，暗暗敬佩魏徵说话直爽，很有胆识，因此也就没责怪他，反而好言安慰了他几句。

"玄武门之变"后不久，唐高祖李渊被迫退位，秦王李世民继位，就是历史上有名的唐太宗。即位后，唐太宗选用了一批李建成、李元吉手下的人做官，魏徵被任命为尚书左丞。原来秦王府的官员知道后，认为自己跟着皇上多少年，如今封官拜爵，不重用他们，却选了一批东宫、齐王府的人，让那些人沾了光，因此心里很不服气。宰相房玄龄把这些怨言告诉了唐太宗。唐太宗笑着说："朝廷设置官员，为的是治理国家，应该选拔贤才，怎么能拿关系来作为选人的标准呢？如果新来的人有才能，老的没有才能，就不能排斥新的，任用老的啊！"秦王府的官员听了，这才无话可说。

唐太宗不记旧恨地选用人才，而且鼓励大臣们多给自己提意见。于是在他的鼓励之下，大臣们也敢于说真话了，特别是魏徵，有什么意见就在唐太宗面前直说，从不避讳。唐太宗也特别信任他，常常把他召进内宫，听取他的意见。

有一次，唐太宗问魏徵说："历史上的人君，为什么有的人明智，有的人昏庸？"魏徵说："多听取各方面的意见，就明智。以前秦二世幽居深宫，不见大臣，只是偏信宦官赵高，直到天下大乱以后，自己还被蒙在鼓里；隋炀帝偏信虞世基，天下郡县都丢得差不多了，自己还不知道。所以，治理天下的人君如果能够采纳大臣们的意见，那么下情就能上达，他的亲信要想蒙蔽他

也蒙蔽不了。"唐太宗听后连连点头，表示认同。

又有一天，唐太宗读完隋炀帝的文集，跟左右大臣说："我看隋炀帝这个人，学问渊博，也懂得尧、舜好，桀、纣不好，为什么会干出来那么多荒唐事来？"魏徵接口说："一个皇帝光靠知识渊博是不行的，还必须虚心地倾听臣下的意见。隋炀帝自视才高，骄傲自满，说的是尧、舜的话，干的却是桀、纣的事，到后来糊里糊涂，就自取灭亡了。"唐太宗听了，感触很深，叹了口气说："唉，过去的教训，就是我们的老师啊！"

贞观二年（628），魏徵被任命为秘书监，参掌朝政。不久，唐太宗听说大臣郑仁基有一位年仅十六七岁的女儿，才貌出众，能书会诗，京城之内，绝无仅有，于是就准备将其纳为嫔妃。魏徵听说郑仁基的女儿已经许配他人，且立有婚约，便立即入宫进谏。他对唐太宗说："陛下为天下父母，抚爱百姓，为百姓所忧而忧，为百姓所乐而乐。陛下住宫殿，希望百姓也有房子住；吃山珍海味，希望百姓也能吃饱；嫔妃成群，希望百姓也能有家室。现在郑仁基的女儿早已许配他人，陛下未加详查，便要将她纳入宫中，这样就会毁了百姓的家室，这哪里是仁君做的事呢？"唐太宗听他这么一说，当即深表内疚，决定收回成命。

由于魏徵能够忠于职守，犯颜直谏，即使在唐太宗大怒之时，他也据理力争，从不退让，因而唐太宗有时对他也会产生敬畏之心。有一次，唐太宗想去秦岭山中打猎取乐，行装都已准备妥当了，却迟迟未能成行。后来，魏徵问及此事，太宗笑着回答："最初朕确实有这个想法，但害怕你又要进谏，所以就打消了这个念头。"还有一次，唐太宗得到了一只上好的鹞鹰，把它放在自己的肩膀上，很是得意。但当他看见魏徵远远地走过来时，便赶紧把鹞鹰藏入怀中。魏徵看见后，故意装作没看见，奏事奏了很久，结果使得鹞鹰被闷死在唐太宗怀中。

贞观六年（632），唐太宗治国初见成效，一时国泰民安，四夷咸服。于是有大臣就建议他去泰山举行封禅大典。唐太宗听后十分高兴，表示愿意前往。这时魏徵

站出来坚决反对。唐太宗多年来信任魏徵，从不忽视他的劝谏，可这一次他实在忍不住了，冲着魏徵说："你不同意朕去泰山封禅，是不是认为朕的功劳不高，德行不够，国家不安定，邻国没有臣服，粮食没有丰收，上天没有降下好的征兆？"魏徵不顾唐太宗怒气冲天，理直气壮地回答说："虽然陛下有许多理由去泰山封禅，但大乱之后，国家刚刚安定，国力尚未完全恢复，各地粮仓也还不充盈。您率领满朝文武去泰山封禅，耗资必然巨大。加之路途遥远，沿途必然供奉，这样会加重百姓负担。若官府趁机敲诈，将激起百姓不满，势必有损陛下您的恩德。这样图了虚名，实际却害了国家，还望陛下三思。"唐太宗听了，虽然觉得魏徵说得很有道理，但封禅是历代帝王梦寐以求的事，实在不忍放弃，于是便与魏徵争了起来，直争得面红耳赤。他们争了一会儿，唐太宗怕在大臣面前丢了自己的面子和虚心纳谏的好名声，便强压怒火，宣布退朝。退朝以后，他怒气冲冲地回到宫中，对长孙皇后说："总有一天，朕要杀死这个乡巴佬！"

长孙皇后很少见太宗发那么大的火，问他说："不知道陛下想杀哪位？"

唐太宗说："还不是那个魏徵！他总是在朝廷上跟朕过不去，朕实在是忍受不了了！"

长孙皇后听了，一声不吭，回到自己的内室，换了一套朝见的礼服，跪下向唐太宗道贺。

唐太宗十分纳闷，问道："你这是干什么？"

长孙皇后说："我听说英明的天子才有正直的大臣，现在魏徵这样正直守责，正说明陛下的英明，我怎么能不向陛下祝贺呢！"

这一番话就像一盆清凉的水，把唐太宗的满腔怒火浇灭了。于是他便放弃了去泰山封禅的念头。

贞观十七年（643），魏徵病逝。唐太宗很难过，他流着眼泪说："一个人用铜作镜子，可以照见衣帽是不是穿戴得端正；用历史作镜子，可以看到国家兴亡的原因；用人作镜子，可以发现自己做得对不对。魏徵一死，我就少了一面镜子了。"

魏徵在贞观年间先后上疏二百余条，强调"兼听则

明，偏听则暗"，这对唐太宗开创的千古称颂的"贞观之治"起了重大的作用。

◇孔明点评◇

　　唐太宗拥有魏徵，岂他一人之幸？乃国家之幸，老百姓之幸，更是中华民族之幸也。不容置疑的是，没有唐太宗，就不会有魏徵。也可反过来说，没有魏徵，就不会有唐太宗的"贞观之治"。所以，当时代呼唤魏徵的时候，时代同时也有适合魏徵生存的土壤，更需要有利于魏徵发挥真知灼见、献计献策的政治空间。魏徵一定不是孤立的。"良禽择木而栖，良臣择主而事"，说的也是这个道理。但从古到今，说来容易，做起来难乎其难，所以一般都是说的比唱的好听。譬如隋炀帝并非没有学问，但说的是尧、舜的话，做的是桀、纣的事，岂有不败之理？

玄奘西行取经

佛教发源于印度，在东汉初年传入我国。从那时起，不少高僧为了探究佛学真谛，都想前往西方取得真经，为此而做了艰苦卓绝的努力，玄奘就是其中杰出的代表。

玄奘俗名陈祎，洛州（今河南偃师）人。他小时候家道中落，生活困苦，再加上隋朝末年天下大乱，就随二哥长捷法师来到洛阳净土寺，开始拜佛念经。在这期间，他学习了小乘和大乘佛教，而他本人则更喜欢大乘佛教。十三岁那年，洛阳度僧，他因为小小年纪就对佛学有了研究，从而破格入选，做了沙弥（没有成年的佛教出家人）。

公元618年，李渊代隋自立，建立唐朝。这一年，玄

奘跟随长捷法师前往长安，准备拜师学法。到长安后，他们得知当时的名僧大多都在蜀地，于是又一起前往成都。在成都期间，玄奘遍访名师，悉心求教，几年之间，声誉大振。二十岁那年，他在成都受具足戒（出家人要取得正式僧尼资格必须受持的戒法规定），后来云游各地，到处拜访名师，精通各家学说，被誉为"佛门千里马"。

贞观元年（627），玄奘再次来到京城，先后从慧休、道深、道岳、法常、僧辩、玄会等名师学习《摄大乘论》《杂阿毗昙心论》《成实论》《俱舍论》以及《大般涅槃经》等经论，造诣日深。在学习过程中，他深感佛学的各家学说差别太大，于是产生了到佛教发源地印度求法，以搞清佛法真谛的念头。

不久，玄奘上表朝廷请求允许他西行求法。但因当时边境局势不稳，唐太宗没有批准玄奘的请求。然而玄奘决心已定，决定私越边境，前往西方。贞观三年（629），北方发生严重的灾荒，朝廷准许百姓（包括僧人）自行谋生，玄奘乘机随难民西行。

　　玄奘从长安出发，沿途过宝鸡、秦州，向北经甘肃天水到达凉州（今甘肃武威）。凉州是唐朝的重要关口，把守森严，都督李大亮不让玄奘西行，玄奘只好在此停留。当地有位慧威法师，他被玄奘一心求法的精神所感动，于是派两个徒弟帮助他逃出了凉州。

　　逃出凉州后，玄奘混迹在商人行列里，昼伏夜行，风餐露宿，到达瓜州。瓜州是唐朝最西面的一个城镇。当时的瓜州刺史独孤达是个虔诚的佛教徒，十分热情地招待了玄奘。玄奘在瓜州住了一个多月，打听西行的道路，了解到瓜州北五十余里有条瓠（hù）河（即今疏勒河），水流湍急，深不可测。河上建有玉门关，是去西域的必经之路。玉门关外西北方向，又有唐朝设立的5座烽火台，都有官兵把守。过了烽火台，就是大戈壁。这时，凉州追捕玄奘的公文已到，要沿途州县捉拿玄奘，押解京城。州吏李昌为玄奘立志去印度取经的精神所感动，催促他赶紧西行。玄奘遂立即收拾行装，踏上了西行之路。

　　在过烽火台途中，玄奘遇到一位熟悉西域地理的老

人。老人被他坚毅的精神所感动，于是送给了他一匹曾多次往返于唐朝和伊吾国（今新疆哈密一带）的老马。在穿越沙漠时，玄奘不小心将水袋打翻了。他本想往回走，但想到自己立下的誓言，不到目的地，情愿去死，又掉转马头，继续朝西而去。他在沙漠里走了四五天，没有喝上一滴水，终于支持不住昏了过去。半夜，一阵凉风把他吹醒，他又站起来朝前走。多亏老马识途，在附近找到了水，这才摆脱困境，走出了沙漠。他经过伊吾，来到了高昌（在今新疆吐鲁番东）。

高昌王麴文泰是个虔诚的佛教徒，听说大唐高僧玄奘到达，急忙把他迎到宫中，恭敬地请他讲经说法，还恳切地要求他留下来。玄奘坚持要走，高昌王无奈，送给他黄金一百两、白银三万两、绫帛五百匹、好马三十匹、骑手二十五人，为他继续西行提供了物质保证和人力配备。高昌王还与他约定，取经回来要先在高昌讲经三年。高昌王用重礼疏通突厥叶护可汗，同时写信给沿途国王，一路给予玄奘方便。

玄奘带着人马，爬雪山，越冰河，历尽千辛万苦，终于到达了佛国圣地印度。当时印度在地理上分为东、西、南、北、中五部，史称"五天竺"。玄奘游历的顺序是北、中、东、南、西，最后回到中天竺。他一面朝拜圣迹，一面访师参学。在庄严辉煌的那烂陀寺，他拜当时印度有名的高僧戒贤为师，花了整整五年时间，攻读佛经以及许多古印度的重要典籍，佛学水平提高到一个新的高度。与此同时，他还在那烂陀寺开讲佛经，撰写了《会宗论》三千颂，沟通了佛教瑜伽、中观两大学派的隔阂，获得了戒贤等佛学大师的赞许。

印度有个摩揭陀国，其国王戒日王是个虔诚的佛教徒。他听说了玄奘的事迹后，就在国都曲女城（今印度北方邦境内卡瑙季）开了辩论大会，请了印度十八个国家的国王和三千多名高僧、学者到会，推选玄奘作为大会的论主，请与会者参加辩论。大会开了十八天，大家对玄奘的精彩演讲没有一个不心悦诚服的。玄奘从此名震全印度，成为最有影响的佛学大师，声望和学问都超过了他的老师戒贤。

贞观十七年（643）辩论大会结束后，玄奘打算回

国。这时，他在印度已经整整待了十三年。十三年间，他无时无刻不在想念祖国。戒日王和鸠摩逻王听说玄奘要回国，再三挽留，但玄奘归意已定，戒日王等只好让他回国。

玄奘在回国途中，整整走了两年。他回国时没有走原来的路线，而是途经阿富汗、帕米尔南缘，沿渍赤河而上，经疏勒、于阗、鄯善、敦煌、瓜州等地，回到了阔别将近二十年的祖国。

贞观十九年（645）正月二十四日，玄奘平安、圆满地回到长安。唐太宗早已见到玄奘途经于阗时的上表，知道了他取经的不平凡经历，对他百折不挠的精神十分赞赏，于是下令在朱雀桥边为玄奘开了一个十分隆重的欢迎会，还把玄奘从印度带回来的大批经典、佛像、帐舆一一陈列出来，让老百姓参观。当时的朱雀大街人山人海，百姓们从朱雀大街到玄奘所住的弘福寺内，排成了几十里长的队伍。

玄奘返回长安不久，前去洛阳谒见即将出征辽东的唐太宗。唐太宗对他百折不挠的精神十分赞赏，劝他还俗从政。玄奘表示要继续研究佛学，并准备把带回来的佛经翻译出来。唐太宗对他的想法表示支持，还为他创造了译经的条件。

玄奘不仅翻译了大量佛经，还和弟子一起，写了一部《大唐西域记》，把西行到过的一百多个国家和听说过的二十八个国家的山川地形、城邑关防、交通道路、风土习俗、物产气候、历史传闻等各方面情况记载下来，为研究印度、尼泊尔、巴基斯坦、孟加拉国、斯里兰卡以及中亚等地古代历史地理，提供了重要的文献资料。

麟德元年（664）二月初五，玄奘病逝于长安玉华宫内，葬于西安樊川北塬。

后来民间流传了许多关于唐僧取经的故事，明代小说家吴承恩在此基础上写出了《西游记》，成为一部优秀的长篇神话小说。

◇**孔明点评**◇

玄奘西游，可歌可泣。他既已出家为僧，便发宏

愿，西行求法，探究佛法真谛。在那个时代，去印度谈何容易，往返路途之遥远、之艰难、之凶险，完全可以想象，但玄奘无所畏惧，毅然上路，历十七春秋，单论此精神，就非常人所能企及。归来之后，为翻译浩繁难懂的梵文佛经，他穷经皓首，毕其一生心血，使这一无量功德得以圆满。他的《大唐西域记》也是不朽之作。人的一生，做什么、怎样做才有意义？玄奘用自己的人生价值与社会贡献做了回答。他的西游之请未得朝廷批准，但他既已认定了西游的意义，便不改初衷，义无反顾。西游归来，唐朝两任皇帝（太宗、高宗）劝他还俗入仕，均被他拒绝。如果他贪恋世俗功利名位，他的人生价值恐怕要大打折扣。

鉴真东渡弘法

　　唐朝的时候，我国国力强盛，文化发达。当时，日
本经常派使臣、留学生、僧人和商人到中国访问、学习
和通商。因为这些人是政府派遣到唐朝来的，所以被称
为"遣唐使"。每次"遣唐使"的人数少则一两百人，
最多的时候达到五六百人。这一年，日本第九次派"遣
唐使"来到了中国，其中有两个年轻的和尚，一个叫荣
睿，一个叫普照。他们到中国除了学习佛法，还负有一
个使命，那就是邀请精通戒律的中国高僧前往日本传授
佛法。

　　当时，日本佛教戒律不完备，僧人不能按照律仪
受戒，因此日本佛教界希望请中国高僧去为日本僧人传
戒，以便像中国一样，严格规定当僧人的资格。荣睿、

普照二人经过多年走访，最终确定著名的律宗僧人鉴真为他们聘请的对象。

鉴真出生于扬州，十四岁时进扬州大云寺，跟随著名的智满禅师受戒入禅门。在名师的指导下，鉴真的学业突飞猛进。三年后，他离开大云寺到越州（今浙江绍兴）龙兴寺学戒律，并受"菩萨戒"。接着，他云游四方求学，到过洛阳、长安。二十岁那年，由律宗法师弘景主持，鉴真受了"具足戒"。此后，他不断钻研佛教经义，对律宗有很深的研究。唐玄宗开元元年（713），鉴真回到扬州，在大明寺宣讲戒律，听他讲经和由他受戒的弟子达四万多人，这时，鉴真已是学识渊博、威望很高的佛学大师。同时，他还建造了许多寺院和佛塔，写了三部大藏经，声名远扬。

唐玄宗天宝元年（742）十月，荣睿、普照来到扬州大明寺拜谒鉴真，表达仰慕之意，同时邀请他赴日本传法授戒。

鉴真认为日本是一个有缘之国，他询问哪位弟子愿意前往。弟子们低头不语，半天也没人吭声。鉴真刚要再次询问，一个弟子站起来说："大唐与日本之间隔着茫茫大海，路途又远，实在是太危险了。"

鉴真却说："弘法传道，失去生命也在所不惜！你们要是不去的话，我就一人前往！"

那时鉴真已经五十五岁，他不顾自己年事已高，毅然决定东渡传法。弟子们大受感动，纷纷表示愿与他一同到日本传法。

鉴真决定东渡后，立即着手准备船只、干粮等。第二年春天，鉴真和弟子祥彦等二十一人从扬州出发，因受到官府干涉而失败。第二次东渡，他买了军船，采办了不少佛像、佛具、经书、药品、香料等，随行的弟子和技术人员多达八十五人。可是船刚一驶出长江口，就遭受风浪袭击而损坏，不得不返航修理。第三次东渡，船刚航行到舟山海面又因触礁而告失败。第四次东渡，船刚从福州出海，就被官府盯上，被押送回籍，又没有成功。

天宝七载（748）夏，鉴真第五次东渡，这时他已经年过花甲。他们从扬州出发，在舟山群岛停泊三个月

后横渡东海时又遇到台风，在海上漂流了十四天。当时粮食、淡水都用光了，鉴真和弟子们饥渴难耐，劳累不堪，可他们没有动摇传法的决心。经历了无数险阻、万千困难，船只终于靠岸了，一上岸他们才知道已经漂流到了海南岛的振州（今海南三亚）。多年旅途的劳顿，严重损害了他们的健康。日本人荣睿不幸患上重病，不治身亡。鉴真悲痛万分，加上旅途的辛劳，使他眼病突发，双目失明。后来，他的得意弟子祥彦也病死于返途的船上。

天宝十二载（753）十月十五日，日本第十批遣唐使归国前夕，遣唐大使藤原清河以及与其一同回国的阿倍仲麻吕等人一起来到扬州延光寺拜见鉴真，并再次邀请他赴日本传法。此时，鉴真虽已六十六岁高龄，且双目失明，但依然愿意前往日本传教授戒。这次东渡，他们事先做了周密的安排，因而比前五次顺利。次年二月，鉴真到达日本首都奈良，历时十多年的东渡终于获得了成功。

到达日本后，鉴真受到日本举国上下的盛大欢迎，

皇族、贵族、僧侣都来拜见他。天皇下诏书对他表示慰劳
和欢迎，请他在东大寺设立讲坛，传授戒法，并且授他为
传灯大法师。

公元757年，日本天皇又把故新田部亲王的旧宅赐
给鉴真，鉴真在此仿照扬州大明寺格局新建了一座寺
院，就是现在奈良的唐招提寺。鉴真在唐招提寺中讲经
传法。同时，他还把中国的书法艺术、建筑艺术、医学
知识等带到了日本，促进了中日两国之间文化的交流。
日本人民为了纪念鉴真，就在唐招提寺中塑起了鉴真的
塑像，还称他为"盲圣""日本律宗太祖""日本医学
之祖""日本文化的恩人"等，以表达对鉴真的崇敬之
情。

公元763年，鉴真在日本唐招提寺内圆寂。寺内至今
还保留着他的坐像。

◇**孔明点评**◇

鉴真东渡，感人至深！以唐代的航海技术与帆船条
件，越过茫茫东海，谈何容易！鉴真和尚明知艰难，却
矢志不渝，以至于六次东渡，五次失败。他第一次东渡

尚耳聪目明，第六次东渡时已双目失明。是什么力量驱使了鉴真和尚东渡之行呢？当然是弘扬佛法的决心与拯救人心的愿心。他既已皈依佛教，便一门心思普度众生，东渡日本其实就是他认定的慈航彼岸。他终于踏上了日本的土地，不但带去了佛学律宗大法，而且带去了大唐文化，增进了中日文化的交流与交融。一辈子做一件事如鉴真东渡，足可告慰平生，何乐而不为呢？

怀素练字，秃笔成冢

　　怀素是唐朝著名的僧人、杰出的书法家。相传他从小不但好佛，而且十分喜欢书法。他练起字来常常是从早到晚，废寝忘食，一点儿也不觉得累，劲头大得惊人！可是因为家境贫寒，买不起纸张，常常是练字练到兴头上，却没有纸了，不得不停下笔来，为此他十分苦恼。

　　一天，怀素正练着字，不知不觉中，家人费尽周折好不容易为他弄来的一点儿纸又用完了。他一下子十分伤心，一个人倚在门口默默地望着天空发呆。突然间，一阵风吹来，传来一片"沙沙沙"的声音。怀素循声望去，原来是他家房子周围芭蕉树叶被风吹动时发出的声音。他的眼睛顿时一亮：芭蕉叶片又宽又大，何不用它

来练字呢？于是，怀素飞快地跑到芭蕉树下，摘了几片芭蕉叶，拿到屋内试着提笔写了几个字，效果很好。从此以后他练字就用起芭蕉叶来。

可是，天长日久，芭蕉叶也被怀素用光了。他再一次面临无纸可用的危机。怀素苦思冥想，不久竟又想出一个好办法来。他找来一块质地坚硬的大木板，把木板刨得平平的，在表面涂上一层漆，然后在上面写字。由于木板表面事先涂上了一层漆，写满了用湿布一擦，就又可以在上面写字了。有了这个用不完的"纸"，怀素高兴得跳了起来。此后，木板成了他练字的宝贝。

怀素就这样写满擦掉，再写满，再擦掉，如此反复，不计其数次，以致木板都磨凹了。可以想象，怀素写字用秃的笔有多少！他每写秃一支笔，就将其放到墙角，这样越积越多，最后竟堆得像座小山。为了表示纪念，怀素就把这些被磨坏的秃笔埋起来，最终堆成一座秃笔大冢。

经过这样坚持不懈的努力，怀素的书法艺术日渐成熟，并以草书著称。其草书用笔圆劲有力，使转如环，奔放流畅，一气呵成，时人称之为"狂草"。他与当时的另一位草书大家张旭齐名，后世有"张颠素狂"或"颠张醉素"之称。其流传至今的《自叙帖》是书法史上狂草第一名作，对后世书法家产生了很大影响。

◇孔明点评◇

几乎每位成功者的背后，都付出过常人难以想象的艰辛。唐代书法家怀素的"秃笔成冢"就很能说明问题。他之所以能成为一代草书大师，与他年少时的"秃笔成冢"故事密切相关。天赋是少不了的，天赋是成功、成才的前提，但唯有天赋显然是不够的，若无后天孜孜不倦的勤学苦练，要想成功、成才，恐怕也难！

"差得远"的戴嵩

　　戴嵩是唐朝一位著名的画家。他出身于书香世家，从小就在父亲的悉心指导下读书画画。戴嵩天资聪慧，悟性极高，小小年纪便因为画动物画得惟妙惟肖而在家乡一带出了名，父亲为此也十分高兴，常在别人面前夸赞自己的儿子。

　　一次，父亲的一位老友从外地来家里做客。闲谈之中，得知戴嵩的画画得不错，于是就叫他给自己画上一幅画，想借此考验一下他。戴嵩毫不推辞，马上拿来纸，磨好墨，运笔自如地画了起来。他喜欢画牛，不一会儿，一幅《斗牛图》就画好了。戴嵩恭恭敬敬地拿起画，递到客人手上，请他指正。

　　客人接过画，只见纸上画着两头牛，正在山坡上抵

117

角相斗。一头牛低头用牛角猛抵另一牛的头部，被抵的那头牛显得似乎有些力怯，向后退去。但两头牛都互不相让，它们尾巴上翘，拼尽全力反击对方。看到这，客人不由得连连叫好，戴嵩听后十分高兴，一旁的父亲也露出得意的神色。

戴嵩和父亲送客人出村时，恰好碰见一个放牛娃，挥着鞭子在驱赶牛群。客人看了看放牛娃的牛群，对他说："你看看人家戴嵩画的牛，比你放的牛剽悍强壮多了！"说着就把戴嵩画的画展开给放牛娃看。

谁知，放牛娃看了画，不禁笑了起来，搞得大家一头雾水。

过了一会儿，戴嵩缓过神来，不解地问放牛娃："你在笑什么？难道是在笑我画的画吗？"

放牛娃一听，赶忙止住笑说："我不是在笑你画的画，我笑的是画上那两头牛的尾巴，太奇怪了！"

"牛尾巴？牛尾巴怎么了？"戴嵩追问道。

"这画上画的是两头牛在打架，我经常放牛，见的可多了。牛打架的时候，把全身的力气都使在牛角上，

屁股后面根本没力气，尾巴只能紧紧地夹在大腿中间，就是力气再大的人也没有办法把它拉出来！可你画上的这两头牛的尾巴却是翘起来的，哈哈哈……"

戴嵩一听，脸"唰"的一下红了，似乎一下子明白了许多。

自此以后，戴嵩经常去仔细观察牛的各种神态，向放牛娃了解牛的生活习性，并悉心记下来。寒来暑往，他总是常常出没在放牛的地方，从不间断。

经过几年努力，戴嵩的牛画得越来越好了。母亲见他还是常出去观察牛，十分辛苦，就心疼地说："你现在画得很不错啦，以后就没必要再去观察牛了，当心自己的身体。"

戴嵩听了却对母亲说："要真正画好一头牛，我还差得远呢！"此后，他还是继续去观察牛。

正因为戴嵩有"差得远"的想法，他的画才离艺术的巅峰越来越近。

后来，戴嵩又画了一幅《斗牛图》，这次，他获得了巨大的成功。这幅《斗牛图》成为流芳百世的名画，

"差得远"的戴嵩

119

戴嵩也因此成了画牛的名家。

◇孔明点评◇

我记得上大学时，一位讲授世界史的老师有一句口头禅："差不多就是差得多！"这句话与戴嵩的"差得远"有异曲同工之妙。艺术之道，贵在精益求精，唯有技艺上不苟且，不自满，不粗枝大叶，不放过任何细节，才能找出差距，弥补自己的不足，才会不断地臻于化境。古今中外，但凡艺术大师，无不得益于细节上的处处留心与功夫上的持之以恒。所谓有志者事竟成，绝对离不开自知之明。即如戴嵩，以"差得远"自励、自省，他的牛才越画越神乎其神，最终成为一代画牛高手。

忠于职守的韩愈

魏晋南北朝以来，社会风气奢靡，就连文风也日渐浮夸。许多文人写文章，喜欢堆砌辞藻，过分追求形式，讲求对偶，缺少真情实感。到了唐朝时，随着士族的衰落、庶族的兴起，一些文人学士开始对文风进行改革，强调文章内容的重要性，韩愈就是其中的杰出代表。他写的散文，说理透彻，气势磅礴，语言简洁，开创一代文风。正因为此，其与柳宗元、苏轼、苏辙、苏洵、曾巩、欧阳修、王安石被后人称为"唐宋八大家"。

其实，韩愈不仅是一个伟大的文学家，而且还是一个直言敢谏、忠于职守的人。

唐宪宗是一个十分迷信道教和佛教的皇帝，他经常下诏寻找一些所谓的神仙方士，让他们给自己求神问卦，炼制长生不老之药，乐此不疲。元和十三年（818），功德使向宪宗皇帝禀报，说凤翔府岐山县的法门寺有一座护国真身塔，塔内的金匣子里藏有一根佛祖释迦牟尼的指骨。据说，金匣每三十年才开一次，让人瞻仰膜拜。开金匣的那一年，必定风调雨顺、五谷丰登、国泰民安。功德使告诉宪宗皇帝来年便是开金匣之年，所以请他下诏把佛骨迎进宫里，这样做可以使天下太平。

唐宪宗一听来年便是佛祖遗骨开匣之年，十分高兴，立即表示同意。他特地派了一支庞大的队伍，到法门寺把佛骨隆重地迎接到长安。当迎接佛骨的队伍浩浩荡荡地进入长安城时，各条大街张灯结彩，鼓乐齐鸣，成千上万的百姓挤上街头，争相目睹这一神圣仪式。唐宪宗下令先把佛骨放在皇宫里供奉，然后送到寺里供大家瞻仰，并赏赐给寺院大批金银和锦缎。下面的一班王公大臣，一看皇帝这样认真，不论信佛或是不信佛，都争先恐后地去寺院瞻仰佛骨，捐钱捐物，以表示对佛的

虔诚。

　　韩愈是向来不信佛的，得知这件事后十分气愤。他想：国家现在财力不足，劳动力短缺，佛门却以虚言妄语蛊惑百姓，引诱大量青壮年男子抛妻别子，遁入佛门，致使田地荒芜，无人耕种。朝廷又不断地将土地和财物赏赐给寺院，然后又想方设法向百姓加派捐税，弄得百姓怨声载道，无以为生。想到这里他心急如焚，于是连夜写了一份《谏迎佛骨表》呈递给唐宪宗。在谏表中，韩愈首先针对宪宗想长生不老的心理，列举历朝佞佛的皇帝"运祚不长"，祸乱不断。由此推断，佛法并不可信。接着，他进一步指出，迎佛本来是为百姓祈福，但百姓愚昧，被佛法迷惑，日夜奔波礼佛，各行各业为此都停止了生产。如果再把佛骨迎到各个寺院，那些愚昧的百姓定然会自断手臂来供奉佛骨，这样一来可就伤风败俗，贻笑天下了。他还表示应该将佛骨"投诸水火，永绝根本，断天下之疑，绝后世之惑"。韩愈最后极为恳切地说："佛如有灵，能作祸祟，凡有殃咎，宜加臣身，上天鉴临，臣不怨悔。"表示愿承担得罪佛祖的一切责任。

唐宪宗读完韩愈的谏表，勃然大怒，下令要处死韩愈，大臣裴度、崔群赶紧站出来为韩愈说情，说他是忠君心切，以国事为重，才上表直言的，希望宪宗饶恕他。宪宗说："韩愈说我奉佛过分，还可以宽恕他；可他说自东汉以后，奉佛的皇帝寿命都不长，如此狂妄，怎么能饶恕他呢？"

裴度等人出宫后，赶紧联系皇亲国戚、勋贵元老，请他们出面帮忙。好在韩愈平时人缘不错，大家都愿意出面为他说情。最终，宪宗赦免了韩愈的死罪，将他贬为潮州（今广东潮安）刺史。

元和十四年（819）正月，韩愈离开长安。在去潮州的路上，他心情沉重，想到自己对皇上一片忠心，却被贬官去远方，如今这一走，也不知什么时候才能回来。路过陕西蓝田关时，天正下着大雪，又传来了家人遭受株连被赶出京城，十二岁的女儿病死路上的消息，悲愤万分的韩愈挥笔写下了"一封朝奏九重天，夕贬潮州路八千。欲为圣明除弊事，肯将衰朽惜残年。云横秦岭家

何在，雪拥蓝关马不前。知汝远来应有意，好收吾骨瘴江边"的诗句。

元和十五年（820）正月，唐宪宗服金丹暴死宫中，穆宗李恒即位，韩愈这才被召回京城，任国子监祭酒，后又任兵部侍郎、吏部侍郎、御史大夫。

◇孔明点评◇

韩愈不论为文、为官，都可圈可点，尤其是在文学上贡献非凡。他所提倡、主导的古文运动，其意义至少有三，且影响深远：其一，古文运动启示、警示后人，文风也是会僵化的，譬如六朝骈文以降，文学便失去了两汉时的那种质朴、活泼的文风；其二，文风影响官风，形式主义与官僚主义相结合，科举考试本末倒置；其三，改良文风，等于改良世道人心。文以载道，文以致用，文学的潜移默化不能低估。至于韩愈谏迎佛骨而遭贬，远任潮州而不堕其志，即使以今天的眼光来看，也是难能可贵的。现代官员倘能以韩愈为楷模，则国家幸甚，老百姓更幸甚！

先天下之忧而忧的 范仲淹

范仲淹是北宋时期吴县（今江苏苏州）人。他两岁的时候，父亲就不在了，跟着改嫁的母亲背井离乡，生活十分困苦。经过刻苦努力的学习，范仲淹获得了丰富的知识，二十七岁那年他考中进士，从此步入官场，开始了自己波澜壮阔的宦海生涯。

宋仁宗即位的时候，只有十三岁，不到亲政的年龄，所以由刘太后垂帘决政。到宋仁宗能亲政的时候，刘太后贪恋权力，不肯放权，把他当作傀儡，军国大事仍由自己决断。

天圣六年（1028），范仲淹进京出任秘阁校理一职。秘阁校理虽然只是宫廷文字秘书，但能经常见到皇帝。天圣七年（1029），刘太后准备在冬至这一天临

朝，庆贺自己六十一岁的寿辰，并且接受由仁宗率领的文武百官的朝拜。在封建社会，太后这样做是违背纲常伦理的，但满朝文武畏惧太后的权势，没有一个人敢出面加以劝阻。

　　范仲淹知道这件事后，十分气愤，他不顾自己官职低微，毅然上书宋仁宗，说皇帝在宫中侍奉太后，用家庭的礼节是可以的，但把家庭的礼节搬到朝堂之上，让皇帝与大臣站在一起向太后行礼却是不合礼制的，家礼和国礼不能混淆，因此太后的命令不能执行。当时，就连宋仁宗也不敢对太后说半个不字，范仲淹这一举动使大臣们深感震惊，纷纷劝说他向皇上和太后认错。范仲淹不为所动，坚持己见。同时，他还上书刘太后，请她将权力交还给已经成年的宋仁宗。

　　刘太后接到范仲淹的奏疏后大怒，以宋仁宗的名义将任职不到两年的范仲淹贬为河州府通判，并下令让他立即起程。范仲淹虽然被赶出京城，但通过这件事给宋仁宗留下了忠直的印象。

　　明道二年（1033），刘太后病逝，范仲淹被召回京城担任了右司谏。这是一份言官的差事，有了此身份，范仲淹上书言事更加无所畏惧了。

一次，京东和长江、淮河流域大旱，不久又闹起蝗灾。为了安定民心，范仲淹奏请宋仁宗，要他派大臣前去巡视灾情，慰问民众。起初宋仁宗根本没把这当回事，对于范仲淹的奏请不理不睬。这下范仲淹急了，他冒着得罪宋仁宗的危险质问他："如果宫中半天没有东西吃，会怎么样？现在灾区的老百姓没有饭吃，您身为天子，对子民的死活怎么能置之不理呢？"宋仁宗听了深有感悟，不仅没有怪他，反而派他为使者前往灾区安抚民众。

范仲淹不负宋仁宗重托，很好地完成了安抚民众的任务，回朝复命。可就在这年年底，宫中发生了一次大的事件，再一次改变了他的命运。当时，宋仁宗在宰相吕夷简等人的撺掇下，以郭皇后多年没有为皇家生下子嗣为由，要废掉她的皇后之位。范仲淹得知后，率领全体谏官跪在宫门口，请求宋仁宗不要废掉皇后。但宋仁宗此时正深恨着郭皇后，哪里听得进去。第二年，他

果断地废掉郭皇后，并因范仲淹在废后过程中的激进表现，贬他为睦州知州。

景祐二年（1035），范仲淹被召回朝廷，先后任礼部员外郎、吏部员外郎等职。当时，宰相吕夷简结党营私，卖官鬻爵。他知道范仲淹向来耿直，敢于犯言直谏，就故意委派他做开封府的知府，想用纷杂的事务缠住他，使他没有时间上书言事，这样一来自己就可以稳稳地把持朝廷大权了。

谁知范仲淹却是个干才，他到任仅仅几个月，就把开封府治理得井井有条，深受百姓爱戴。很快，范仲淹就了解到吕夷简卖官鬻爵、结党营私的劣迹，于是便绘制了一幅《百官图》，注明百官升迁的正常秩序和公正的办法，进献给宋仁宗，并指出官员的升迁提拔不应当全部委托给宰相处理。范仲淹无情的揭露，让吕夷简大为恼火。老奸巨猾的吕夷简使用"离间计"，最终仁宗偏听了他的诬蔑之词，范仲淹再度被贬。

范仲淹的才干和胆识深得朝中一些大臣的赞赏，他的此次被贬在朝中也引起了强烈反响，大家都为他的遭遇鸣不平。

不久，范仲淹又被宋仁宗召回京城，职位不断升迁。当西北边关爆发战争时，他主动请缨，要求镇守边关。他的精心治理，让敌人闻风丧胆，敌人称呼他为"龙图老子"（范仲淹做过龙图阁直学士）。范仲淹成为朝野尊敬的人物。

庆历三年（1043），范仲淹由西部边关调回京城，担任参知政事。那时候，北宋正面临严重的政治经济危机，官僚腐败，民不聊生。为了整顿朝政、增强国力，宋仁宗采纳范仲淹等人的革新主张，着重对吏制、职田、科举、学校、赋役等方面进行改革。因为这次改革是在庆历年间进行的，所以历史上称为"庆历新政"。

为了推行新政，范仲淹首先整顿官吏制度。他派一些官员担任监司（监察官），到全国各地视察。然后根据他们的报告，把各地的坏官从登记簿上除名，加以撤换。

有一次，和范仲淹一起推行新政的大臣富弼，看到范仲淹在登记簿上勾掉坏官的名字，心里不忍，就上前

劝阻说："一笔勾掉一个名字很容易，可是被勾掉的一家人都得哭了。"

范仲淹毫不动摇，斩钉截铁地回答说："一家哭总比一路（北宋的行政区名称）的百姓哭好啊！"

富弼听了，觉得范仲淹既有胆量，又有见识，心里非常钦佩。

新政在推行过程中，触犯了一些贵族官僚的利益，他们纷纷起来反对，诽谤范仲淹和推行新政的人，说他们结成朋党，滥用职权。一时谣言四起，人心惶惶。宋仁宗动摇了，于是下令停止只推行了一年多的新政，并将范仲淹贬到邓州做地方官。

范仲淹被贬到邓州后，身体很不好，这时，他的好友滕子京在岳州重新修建岳阳楼，请范仲淹为重新修竣的岳阳楼作一篇记。范仲淹为了激励遭到贬黜的朋友，挥笔写下了著名的《岳阳楼记》。文中反映范仲淹抱负的"先天下之忧而忧，后天下之乐而乐"一句成为流传千古的名句。

先天下之忧而忧的范仲淹

◇孔明点评◇

范仲淹因《岳阳楼记》而名扬天下，他的"先天下之忧而忧，后天下之乐而乐"无论在官场还是民间都被奉为箴言，广为传诵。这至少说明了人心所向，系之德我。为官者，应当以此励志，才既不辜负国家，又不辜负百姓。范仲淹的一生，就是他这一名句的写照。无论是戍边，还是主持新政，他心里装的都是国家安危与老百姓的疾苦。他的新政虽然失败了，但他改革的勇气与锐气影响了一代又一代有志进取的政治家，仅此而言，他应该是赢家，而非输家，他本人也以改革家的身份载入青史，备受后人敬仰。

刚直尽责的包拯

包拯是北宋时期著名的清官。因其铁面无私、不攀附权贵，人们都称他为"包青天"或"包公"，很少提他的名字。

包拯是庐州合肥（今安徽合肥）人，生于北宋咸平二年（999），二十八岁那年考中进士。按照宋朝的制度，考中进士就可以当官，但包拯是个孝子，他信守圣人"父母在，不远游"的教诲，直到自己三十六岁父母去世后才开始做官，出任天长县（今安徽天长）知县。

包拯很会审理案件。刚任天长县知县时，一天一个农夫来衙门报案，说他早晨正要牵牛下地干活，突然发现他家的牛满口鲜血，牛舌头不知被谁给割掉了。他心疼得要命，急忙赶来县衙报案，希望查出凶手。

　　包公看了状词，又询问了一些情况，断定这件事可能是这个农夫的仇人干的。他沉思了一会儿，对农夫说："你这头牛反正活不长了，不如干脆把它杀了卖肉吧。"

　　按照当时的法律，私宰耕牛要被判重罪，对于举报者，官府是会给赏银的。包拯认为，如果此事是农夫的仇人干的，这个人肯定会跳出来告发农夫，因此才想出这么一个计策。

　　第二天，果然有一个人来县衙告发农夫私宰耕牛的事。包拯看来人鬼头鬼脑的样子，就紧盯着他问："你告他私宰耕牛，你说，他为什么要杀牛？" "因为那牛舌……"刚说到这儿，来人发现他说错了，忙止住嘴。包拯猛地站起来，"啪"地一拍惊堂木，追问说："说！牛舌头怎么样？"

　　"牛舌头被割了……" "你怎么知道牛舌头被割了？"来人被问得张口结舌，答不上话来。这时候，包拯大声问道："你给我老实招来，为什么割他的牛舌头，又告他的状？"来人听了，大惊失色，赶紧磕头认

罪："是小人和他有仇，所以割了牛舌头……"

包拯顺藤摸瓜，经过细细审问，来人只得供认了自己割牛舌而又来举报想获取赏银的罪状。

不久，包拯升任端州（今广东肇庆）知州。端州出产一种名贵的砚台，叫作"端砚"，是朝廷钦定的贡品，其和湖笔、徽墨、宣纸一起，并称"文房四宝"中的上品。以往在端州任职的知州，总要在上贡朝廷的端砚数目之外，再多加几倍，用以贿赂权贵。但包拯上任之后，却一改前任的陋习，决不多收一块。离任时，就连他平时在公堂上用过的端砚，也造册上交了。

据说，后来包拯离任的时候，当地老百姓得知他连一块端砚也没有带，敬佩之余又感到过意不去，于是就托人悄悄用黄布包了一块端砚，偷偷放到包拯乘坐的船里。包拯发现后，虽知这是当地百姓的一片好意，但他还是下令将那块名贵的端砚丢入江心，借此表示自己两袖清风、清廉执政的决心。

后来，包拯调到京城里担任谏官。在谏官任上，他三次弹劾皇亲国戚张尧佐，七次弹劾鱼肉百姓的贪官王速。

张尧佐是宋仁宗的宠妃张美人的伯父，其本人没有什么才干，却凭借张美人的关系，当上了掌管全国财政的最高长官——三司使。像张尧佐这样的人，就连小官也没有资格做，更不用说三司使，一时间朝野上下议论纷纷。包拯对此也极为不满，他愤然上书宋仁宗，指出让这样的庸才管理财政，会酿成大祸。当时，张美人正在受宠，仁宗不但不理会包拯的谏议，反而又加封张尧佐为节度使。包拯非常痛心，再次上书进谏宋仁宗，可是宋仁宗仍置若罔闻，到了第二年，更加封张尧佐出任宣徽南院使。包拯第三次向皇帝进谏，痛加陈词，甚至在朝堂上跟皇帝当面辩论起来，言辞激烈得连唾沫都溅到仁宗脸上。由于包拯和其他谏官的不懈努力，终于迫使宋仁宗罢了张尧佐的官，并表示再也不会让他担任重要的官职。

王逵是一个臭名昭著的酷吏，他在担任荆湖南路转运使的时候，非常残暴凶狠，随意增派各种名目的苛捐杂税，仅其中一次就多收了三十万贯。他用搜刮来的钱

财大量贿赂京官，牟取私利。他的吏治手段非常残忍，并且随意杀害百姓。许多老百姓被迫逃到深山密林的洞穴里，联合起来进行反抗。后来，他调任江南西路转运使，离开池州时，当地老百姓几千人聚会庆贺，如同过节日一般。

就是这么一个酷吏，却受到朝廷宠信，官运亨通。担任淮南转运使后，王逵依然严刑酷法，祸害百姓。

包拯得知这些情况后，十分气愤，立刻上了两道奏疏，弹劾说："王逵残害百姓，逼得他们逃入山洞。他所造成的危害，直到今天还没有平息，朝廷决不能任用这样的坏人，否则祸国殃民。"可是这两道奏疏上去了，朝廷并没有罢王逵的官。包拯誓不罢休，他坚决反对朝廷这种做法，又上第三道奏疏，进行弹劾，但还是没有结果。

过了一些时候，包拯又了解到王逵的另一项重大罪行。原来，王逵在担任江南西路转运使后，怀疑前任洪州知州卞咸向朝廷检举他的罪行，于是就打击报复，暗中指使人诬告卞咸，并逮捕了他，为此事受牵连的多达五六百人，制造了一个大冤案。包拯于是又接连上了四道奏疏弹劾王逵。在奏疏中，他义正词严地说："王逵残暴嗜杀的本性是改不了的，不能把广大百姓和官员交给他，听任他肆意残害。"

在包拯的七次弹劾下，最后，宋仁宗不得不免去了王逵的转运使职务。

由于包拯的刚正无私、尽忠尽责，虽屡屡犯颜直谏，却深受宋仁宗赏识。此后，他的官职一路上升，历任权知开封府、权御史中丞、三司使等职，最后于嘉祐六年（1061），官至枢密副使，相当于副宰相，这也就是后世戏曲中称他"包相爷"的缘由。

包拯做了大官，但家里的生活仍旧非常俭朴，跟平常百姓一样。他平生最痛恨贪官污吏，在一篇《家训》里说：后代子孙做官贪污的，不许回老家；死了以后，也不许葬在包家的祖坟中。

嘉祐七年（1062），包拯病逝，谥号"孝肃"。他的清廉刚直，千百年来一直受到人们的赞扬和敬仰。

◇孔明点评◇

　　包拯是中国老百姓心目中的第一清官。包拯的意义，就是老百姓对政治清明的一种向往、期许与呼唤。老百姓渴望为官的都能够像包拯那样铁面无私，执法严明，清正廉洁，英明决断，不依附、袒护权贵，为民做主，使老百姓过上太平的日子。包拯诞生于999年，一生清廉为官而善终。近千年来，只要官场黑暗，老百姓便怀念起包拯，包拯的故事以各种形式在民间广为流传。若说流芳百世，包拯当之无愧！

沈括绘制《天下郡国图》

宋辽澶渊之盟后，宋朝每年都要送大量的岁币给辽国，借此维持与辽国的和平局面。但是辽国并不因此而满足，千方百计想从宋朝攫取利益，动辄以发动战争相威胁。熙宁八年（1075），为了多从宋朝得到土地，辽国派使臣萧禧来到东京，要求划定边界。

萧禧来到东京后，坚持要求宋辽以黄嵬山（在今山西原平西南）为界。这样一来，黄嵬山一带方圆三十里的土地就会为辽国所有。宋神宗派去谈判的大臣不了解那里的地形，明知萧禧提出的是无理要求，又没法反驳他。双方争论了几天，一直没有结果。萧禧却借机指责宋朝谈判没有诚意，在故意拖延时间，气焰十分嚣张。

宋神宗一时没了主意，急得团团转。这时有大臣提

议说可以让沈括试试。沈括出身于浙江钱塘（今浙江杭州）世家，从小受到良好教育，博学多才，对方志、律历、音乐十分精通。经大臣这么一提醒，宋神宗才想起以前听人说过沈括，知道他熟识地理，于是立即下令任命沈括为谈判特使，与辽国使臣萧禧交涉。

　　沈括受命之后，先是到朝廷府库中查找档案，弄清了黄嵬山一带的地理归属，并查阅了宋辽有关边界的谈判文件，证明黄嵬山一带土地是宋朝的。然后把这些情况向宋神宗做了汇报。宋神宗听了十分高兴，他让沈括把这些画成地图，以便在与萧禧谈判时作为依据。

　　见到萧禧后，沈括指出，两国按澶渊之盟划分边界，边界是白沟河，白沟河以北为辽国领土，以南为大宋领土，而黄嵬山在白沟河以南，是大宋的领土，不是辽国的领土。说完又把自己画的地图展示给萧禧看。萧禧压根儿就不知道黄嵬山的准确方位，只不过是仗着辽国军力无理取闹。在这些证据面前，他一时无话可说。

　　不久，宋神宗派沈括出使上京（辽国的京城，在今内蒙古自治区巴林左旗南），与辽国宰相杨益戒谈判北

部边界问题。之前，沈括做了充足的准备，收集了许多
地理资料及两国相关的法律文书，并且叫随从的官员都
背熟。所以，当杨益戒提出问题时，沈括和随员们都能
对答如流，有凭有据。杨益戒见没有空子可钻，就板起
脸来蛮横地说："你们连这点土地都斤斤计较，难道想
跟我们断绝友好关系吗？"

沈括理直气壮地说："你们背弃过去的盟约，想
用武力来胁迫我们。真要闹翻了，我看你们也得不到便
宜。"

杨益戒见吓不住沈括，又怕闹僵了对辽国没好处，
只好放弃了无理的要求。

在从辽国回来的路上，沈括和随员们每经过一个地
方，都要把那里的大山河流、险要关口、村镇堡寨画成
地图，还把当地的风俗人情调查得清清楚楚。回到东京
以后，他把这些资料整理起来，献给宋神宗。宋神宗认
为这些东西十分有用，于是就重赏了沈括，并拜他为翰
林学士。

沈括为了维护国家的边境安全，十分重视地形勘

察。有一次，宋神宗派他到定州（今河北定州）去巡视。他假装在那里打猎，花了二十多天时间，详细考察了定州边境的地形，还用木屑和熔化的蜡捏制成一个立体模型。回到定州后，沈括让木工根据他的模型，用木板雕刻出木质的地理模型，献给宋神宗。

宋神宗对沈括画的地图和制作的模型很感兴趣。第二年，他就叫沈括绘制一份全国地图。但是不久，沈括受人诬告，被朝廷贬谪到随州（今湖北随县）。那时候，随州丘陵起伏，环境险恶，他选择了绿林深处一座叫法元禅寺的古刹作为自己的住处。沈括在这里举目无亲，就在这孤寂、清贫的生活中，开始着手绘制全国地图。他把从京城带来的几大箱资料加以详细考订整理，不分昼夜，悉心绘制。寒来暑往，不知不觉间沈括的草图也已基本完成。就在这时，朝廷又改派他到别的地方做官。此后，沈括换了好几个地方做官，其间曾一度驻守边疆。可是不论到了哪里，他总是将自己的这份草图随身携带，一面考察地理，一面修订地图。就这样坚持不懈，经历了整整十二年，沈括终于完成了当时最准确的一本全国地图——《天下郡国图》。地图共有二十幅，包括一幅全国总图和十九幅各地的分图。

沈括晚年闲居在润州（今江苏镇江）的梦溪园。他把自己一生研究的成果记载下来，写了一本著作《梦溪笔谈》。在这本书里，除了记载他自己研究的成果以外，还记录了当时劳动人民的许多发明创造，其中特别有名的是毕昇的活字印刷技术。后代的人读了他的书，才知道了活字印刷术的来历。

◇孔明点评◇

论起来沈括也是官员，他的与众不同在于一边做官，一边做更有意义的事情。譬如《天下郡国图》就是他在各地官任上完成的，真可谓是处处留心皆学问呀。他从仕途上隐退后，发挥余热，写成一部科普读物《梦溪笔谈》，使他的名字因此而不朽于后世。实际上，《梦溪笔谈》是他为官生涯中副产品的副产品，副产品当然是《天下郡国图》。该书对上自天文，下至地理、音乐、医药、数学等均有涉猎，而资料的日积月累离不开他为官时期的"别有用心"。为官一任，造福一方。沈括不但造福于当代，而且造福于后人，其功业大焉！

司马光著《资治通鉴》

　　司马光是陕州夏县（今山西夏县）人，童年时就十分聪明，遇事沉着冷静，不慌不乱。有一次，司马光跟小伙伴们在后院里玩耍，有个小孩爬到缸沿上玩，一不小心，掉到了水缸里。其他孩子们一见出了事，吓得边哭边喊，跑到外面向大人求救。司马光却急中生智，从地上捡起一块大石头，使劲向水缸砸去。水缸被砸破，里面的水流了出来，被淹在水里的小孩也得救了。这件事传出去以后，司马光一下子就出了名。当时，东京和洛阳还有人把这件事画成图画，广泛流传。

　　司马光长大后，刻苦学习，博览群书，尤其爱读历史方面的书籍。二十岁那年，他考中进士。仁宗末年任天章阁待制兼侍讲知谏院，负责为皇帝起草文件，讲解儒家经典。宋仁宗经常让他讲述历代王朝的君臣事迹和兴衰道理，有时还向他咨询历史上的经验教训。每到此时，司马光总能以他渊博的历史知识做出圆满解答，因此深受宋仁宗赏识。后来，宋英宗继位，司马光改任龙图阁直学士。他见宋英宗爱读史书，就经常进献一些好的史书给宋英宗。在选书过程中，司马光发现当时社会上流行的史书多而杂乱，不成系统，阅读起来让人不得要领。经过反复思考，他决定自己动手，写一部简明扼要的史书。

体裁确定了，司马光开始夜以继日地秉笔直书。他先编了一部从战国到五代的大事年表，对历代的治乱兴亡做了扼要的叙述，书名叫《历年图》。接着，他又花了两年时间，按照年代顺序，把周、秦历史编成八卷，书名叫《通志》，这就是后来的《资治通鉴》的前八卷。

治平三年（1066），司马光把写好的《通志》进呈宋英宗。宋英宗看了很是满意，于是就下了一道圣旨，命司马光把这本书继续编下去，还同意在崇文院设立一

个编书局。司马光十分高兴，马上邀集了当时著名的史学家刘恕、刘攽和范祖禹三人做助手，着手成立编书局，编写通史。后来，他的儿子司马康也进了编书局，负责检阅文字的工作。

司马光让几位学者各负责一个朝代，先把前朝正史、杂史记录的史料按照时间顺序一条条地摘录下来汇编在一起，叫作"长编"。然后他自己负责进行时间、史实的考订，删繁取要，最后再编成系统的史书，例如唐史部分，初稿多达六七百卷，定稿时只剩下八十一卷。单这一点，就可以看出编书工作的艰辛了。那时候，司马光还兼有学士的职衔，白天忙于公务，大部分编书工作是晚上完成的。

宋英宗体弱多病，只当了四年多皇帝就病死了。继位的宋神宗对历史也很有兴趣，司马光就把《通志》读给他听。宋神宗听完很是赞赏，认为这部书讲了历代王朝的兴衰，可以帮助君主治理天下；同时，书中记载的历史，又好像一面镜子，可以供人们对照借鉴。因此，他把书名改为《资治通鉴》，而且还亲自为此书作了序。

宋神宗是一位励精图治的皇帝，他即位后，重用王安石进行变法，对朝政进行大刀阔斧的改革。与此同时，他还准备任命司马光为枢密副使，协助王安石工作。但司马光与王安石政治观点不同，他多次上书宋神宗，婉拒枢密副使一职，要求到外地担任一个闲职，以便集中精力编书。宋神宗无奈，只好将司马光外派到洛阳担任一个闲职，同时准许他将编书局也迁到洛阳，以方便他工作。

熙宁四年（1071），司马光来到洛阳，谢绝一切应酬，与助手全身心地投入《资治通鉴》的编纂中。为了把书编好，他不顾年迈体弱，疾病缠身，夜以继日地工作着。他怕自己睡过了头，还特地制作了一个容易滚动的圆木枕头，只要一翻身，枕头就会滚掉，他也就惊醒了。司马光把这个枕头称为"警枕"，用来警诫自己不要睡得太久，以免影响读书写作。他每天修改的稿子有一丈多长，而且上面没有一个草书，全是一丝不苟的楷书。

中华敬业故事

元丰七年（1084），《资治通鉴》一书全部完成，整整花费了19年时间。这部书总计294卷，另有考异、目录各30卷，共300余万字，记载了自周威烈王二十三年（前403）至五代后周世宗显德六年（959），共计16个朝代，1362年的历史。书成之后，据说仅在洛阳存放的残稿就堆满了两间屋子，可见司马光为此书付出了多么艰辛的劳动！

司马光将其呈献给宋神宗，并上表说："我现在骨瘦如柴，老眼昏花，牙齿也没剩几颗了，而且神经衰弱，刚刚做过的事情，转过身就忘了。我这一生的心血全都耗费在这部书里了！"

◇孔明点评◇

中国能拥有《资治通鉴》这样的皇皇巨著，当然要感谢北宋文学家兼史学家司马光。可以说没有司马光，就没有《资治通鉴》，起码没有今天中国人能荣幸地阅读到的这部《资治通鉴》。除了太史公的《史记》，单就编年体史书而言，司马光的《资治通鉴》可以说是独一无二的，突出反映了司马光的史识、学识、文才和敬

业精神。他的以史为鉴的思想虽然与中国文化道统一脉
相承，但其史学思想、编纂体裁与是非定夺完全出自司
马光一人，很少受到其他人的干扰。他的文笔一流，决
定了《资治通鉴》的文学性与可读性；他的学识一流，
决定了《资治通鉴》的一枝独秀；他的史识一流，决定
了《资治通鉴》的不同凡响；他的敬业精神贯穿于著述
之中，一丝不苟，使《资治通鉴》成为史学标杆，使
千百年后的史学家难以望其项背。司马光虽然在北宋一
朝政治地位显赫，但他的名字却因为《资治通鉴》而永
存不朽！

曾巩务实治理州事

  曾巩是北宋时期有名的政治家、散文家，"唐宋八大家"之一。他出身于一个官僚世家，从小就表现出良好的天赋，记忆力非常强。一篇上万字的文章他只要看上一遍，马上就能背诵出来。十八岁那年，曾巩进京赶考，恰好碰上了同样前来赶考的王安石，他们志趣相投，一见如故，很快就成了很好的朋友。后来，曾巩在太学求学期间因一篇《时务策》得到文坛领袖欧阳修的赏识，从此名闻天下。

  嘉祐二年（1057），曾巩考中进士，从此开始了自己的仕宦生涯。刚开始的时候，他在京城担任集贤校理、实录检讨官（相当于文化部的干部）等官职，不久被朝廷外派到州郡，担任地方官，这一干就是十数年。

在任地方官期间，曾巩尽职尽责，廉洁自律，所到之处，打击豪强，抑制兼并，兴修水利，减赋救灾，为老百姓做了很多实事、好事，深受百姓爱戴。他为政宽简，每到一个地方，总要先体察民情，了解下层的工作，然后确定施政方针和急需解决的重要事项。对于重大事项，他集中精力，一件一件认真办好；而对于一些迎来送往方面的琐碎事情，则能省则省，能简则简，有时甚至直接交给下面的人去办，自己不在上面花费大的功夫。

当时，州县官员中办事拖拉、推诿扯皮的事情很多，老百姓对此怨声载道。曾巩经过一段时间的调查了解，再仔细琢磨后，给官员们制定了一套新的规章制度。他根据每位官员的专长和才能具体分工，明确各人的责任，每过一定时间就亲自督促检查，称职的奖赏，不称职的处罚。如此一来，衙门的办事效率提高了许多，百姓们交口称赞。

按道理，曾巩凭借才能和良好的政绩，早就应该被朝廷提拔重用了。可是自外放地方以来，他一直在齐

州、襄州、洪州等地任知州，官职一直没有提升。原来曾巩为人低调务实，虽然勤政爱民、政绩突出，可每次给朝廷上书，他只是汇报水旱灾荒、百姓的生活状况，而对于自己的政绩却只字不提。加之那时候他大力推行王安石的变法改革，根据王安石的新法宗旨，结合实际情况加以实施，这样一来就遭到反对变法的大学士吕公著的忌恨，他经常在宋神宗那里打"小报告"，诬蔑曾巩"为人行义不如政事，政事不如文章"，把他评价为一个品格低下、碌碌无为的庸官。宋神宗听信谗言，就一直不肯重用曾巩，对他不闻不问。同僚们因而都为曾巩鸣不平。

熙宁十年（1077）春，曾巩调任福州府知州。此时，他担任地方官已经将近十年，与他同年考中进士的人大部分都已身居高位，有的甚至担任了宰相，位极人臣，可他依然只是个小小的知州。曾巩虽然有时也为此抱怨，但并没有把情绪带到工作中去，依然兢兢业业，勤于政务，没有丝毫懈怠。

在曾巩来福州之前，这里治安混乱，土匪横行，官兵虽极力围剿，但成效并不显著。曾巩到任后，经过调查走访，认为主要是因为当地灾荒频仍，百姓们没法生存，这才铤而走险，进山当了土匪。他想：要剿灭这些土匪很容易，可如果逼迫太急，就会出大乱子。所以曾巩极力主张用和平方式解决，派人进山劝告、招安，消除土匪们的疑惧心理。因此，土匪相继出山投降，回家安心务农去了。很快，福州地界的社会秩序就安定下来。

在宋代，州府级别的官吏除正常的薪俸外，朝廷还补给一定数量的"职田"（根据职务级别分给固定田产，以充办公费）。在福州，州府官吏虽没有"职田"，却另有一大笔收入。原来，州府衙门后院有一块很大的菜园，每年都种植各种蔬菜，成熟后，便由衙役挑到市面上卖，卖得的钱全部归州官所有。由于府内蔬菜上市早、质量好，人们争相购买，不费什么功夫，便可得到一大笔钱。

曾巩到福州后做了调查。他了解到：州府衙门卖菜，夺走了菜农的饭碗，导致他们生意难做，收入减

少，生活困难。曾巩愤慨地说："地方官员怎能与民争利呢？"于是就下令州府衙门从此以后不能再种菜。消息一传出，百姓十分高兴，菜农更是欢欣鼓舞。从此，凡是来福州做官的，也都效仿曾巩的做法，不再靠种菜获取额外收入了。

北宋时，朝廷崇佛，佛寺享有一些政治和经济上的特权，其方丈平素受人尊敬，社会地位很高。那时，福州一带大大小小的佛寺很多，信徒为了表示对佛祖的虔诚，捐献了许多田产给寺庙，使得寺庙无比富有。一时之间，寺庙方丈成了有利可图、令人眼红的职位。

按照惯例，寺庙方丈由地方官任命。每当选方丈的时候，僧人们就纷纷走后门，巴结官府，有些官员也趁机敲竹杠，大发横财，贿赂歪风盛行。

曾巩上任之时，恰逢寺庙选方丈的时候，于是不断有僧人暗地里给他送礼，讨好他。曾巩向来以清廉著称，很反感这种行为。他想：要彻底杜绝这种事情，就必须改变方丈选举的办法。因此，他在寺庙举行直选，让僧人们不记名投票推举方丈，并将推选出来的公正贤明的和尚记录造册，上报朝廷，然后按照顺序，依次递补。

　　不久，各寺庙的方丈都顺利选出来了。以往，新的方丈选出来后，都要备上厚礼到衙门里表示感谢。这次虽然曾巩早就明文规定不接受馈赠，但那些方丈以为知府虽然不收礼金，送上一些本地特产表表心意应该不会有事的，于是就让僧人们挑着当地特产送往府衙。谁料想曾巩一见这些，火冒三丈，他当众拒收这些特产，让僧人们都带了回去。为了杜绝此类事情，曾巩依法惩治了几个送礼的僧侣，整治了福州佛教界的歪风邪气。

　　曾巩常说："地方官怕公文多，百姓怕追讨赋税。"所以，他一到福州便和下属各县官员商议应办的事情，根据事情的轻重缓急和各县的具体情况，规定完成期限，然后分配下去。不到期限，他绝不催促；限期一到，如果任务还没有完成，他就要给予相应的处分。有时，规定的期限与下达的任务不相当，到期难以完成，他便灵活调整合适的期限。

　　曾巩试图利用这种办法来尽力减少官府对百姓的骚

扰。起初下属各县官员并不怎么执行，对此，他小则处罚具体办事的官员，大则追究县令的责任，因而各县也就不敢轻慢。这样一来，由于公文减少了许多，百姓也就过上了比较宁静的日子。

◇孔明点评◇

即使在今天，曾巩也称得上是地方官的楷模。他能做到的，其实其他地方官也能做到。不比不知道，一比吓一跳。曾巩执掌福州后，之所以政声卓著，首先是因为他有公心，没有私心，也就是有"全心全意为人民服务"的思想。心里装着老百姓，有所为，有所不为，于民有利则为，于民无利甚至有害则不为，与民争利的事更不可为。为民着想，一碗水端平，措施得力，办法到位，行之有效，持之以恒，所谓政绩有了，百姓福祉也有了，老百姓安居乐业，何乐而不为呢？曾巩的所作所为是一面镜子，今天的地方官照一照，就知道差距在哪里了。

陈之茂公正取士

宋高宗时，奸相秦桧把持朝政。他四处网罗党羽，排斥异己，株连无辜。许多官员见秦桧权势熏天，都争相巴结讨好他，以求能依靠他加官晋爵。但仍有一个正直无私、尽职尽责、不为秦桧权势所动的人，他就是鼎鼎大名的陈之茂。

有一年秋天，南宋首都临安举行殿试，陈之茂被宋高宗任命为主考官。考试的前一天，陈之茂正在准备考前工作，忽然宰相府来人，说是宰相秦桧请他去府里做客。他不由惊了一下，心想：自己虽然与秦桧同朝为官，但平日里并无私人往来，这次突然邀请，不知其葫芦里卖的什么药。陈之茂有心不去，但碍于秦桧是宰相，又怕真有什么国家急务，于是放下手头事情，前往

宰相府。

　　陈之茂到了宰相府门前，只见许多仆人早已经恭恭敬敬地站在门两边等候他了。来到客厅，只见秦桧满脸笑容地招呼他，完全没有往日的架子。陈之茂回过礼，不由纳闷起来：秦桧往日里不苟言笑，阴险歹毒，今天却为何对我如此客气？坐下来以后，秦桧吩咐手下赶紧上茶。趁着间隙，陈之茂小心地问道："秦大人，不知您找我来有什么吩咐？"

　　秦桧清了清嗓子，装腔作势地说："我请你来不为别的事，一是祝贺你荣任此次考试的主考官，二是想问问应试考生的人数，还有考前工作准备得怎样了？"陈之茂回答说："此次报名应试的考生很多，考前工作都已经准备好了，请秦大人放心。"秦桧说："好，好！你的工作做得很好，考试完了，我一定要在皇上面前保举你。不过，有一件事得给你说下，我孙子秦埙，这次也报名应试，他的文章写得很好，可以说是天下奇才。我想，到时状元肯定非他莫属了。"

　　陈之茂听到这里，一下子全都明白了，原来秦桧宴

陈
之
茂
公
正
取
士

请他，是想叫他在考试时照顾自己的孙子。陈之茂十分气愤，但又不好发作。他强压怒火，心平气和地对秦桧说："秦大人尽管放心，考场之上我一定按朝廷的规章办事，秉公取士，为国家选取贤能之人。"秦桧一听，以为陈之茂这是答应了自己，只是不便明说，于是十分高兴。

与秦桧寒暄了一会儿后，陈之茂借故离开了秦府。

陈之茂一向正直，对奸相秦桧的胡作非为很看不惯。考场上，他思忖着对策，想来想去，觉得只有以文章的优劣来分高低。等考试一结束，陈之茂仔细地批阅试卷，发现有一个名叫陆游的考生的文章写得很有见地，论据充分，分析透彻，且行文流畅，让人读来酣畅淋漓，比秦埙写的文章不知要好多少倍。于是他便毫不犹豫地把陆游取为第一名。

发榜以后，秦桧听说第一名不是自己的孙子秦埙而是陆游时，气得暴跳如雷，恨不得立即杀了陈之茂。但老奸巨猾的秦桧转念一想，觉得这时候收拾陈之茂会惹来满朝官员和考生们的反对，从而暴露他营私舞弊的事

情，对自己不利，于是就忍了下来，把希望寄托在第二年由礼部主持的复试上，想在复试的时候再想办法，把秦埙录取为状元。他派人告诉陈之茂，如果再不听话，就杀了他。

陈之茂对于秦桧的威胁一点儿也不害怕，他说："公正取士，不徇私情，这是主考官的责任，死又有什么可怕的。"他给陆游写了一封信，勉励他好好用功，准备第二年的礼部复试。

第二年，在礼部主持的复试中，陆游又因文章写得条理清晰，行文跌宕起伏，气势磅礴，充满了爱国激情，而考取了状元，秦埙则排在第二名。秦桧听说之后，把怒气发泄到了陆游身上。他指使人罗织罪状，假造罪名，想要逮捕陆游。陆游为了躲避迫害，偷偷逃离临安。于是，秦桧就以状元空缺为理由，叫礼部把秦埙从榜眼提升为状元。消息一传出，立即引起一场轩然大波。考生们议论纷纷，指责秦桧的蛮横行为。秦埙怕受到考生们的攻击，躲在家里不敢出门。按照规定，通过前两次考试的考生还要进行殿试。秦埙在去参加殿试的途中，一路受到指责和嘲讽，加上理亏心虚，因此在殿试时写的文章前后矛盾，杂乱无章，就连宋高宗也不满意，把他降为探花。殿试是一次决定性的考试，经过殿试之后，名次再也不能更改了。

殿试发榜以后，秦桧又气又急，得了一场大病。

对于身居要职、担当重任的人来说，责任心不仅是衡量人的素质水平的标尺，更关系到国家的安危、人民的幸福。

◇孔明点评◇

陈之茂身上具有的是典型的中国传统士人的风骨，那就是秉持公义，坚持原则，不徇私情。中国自从有了科举，徇私舞弊的现象不可谓少，但像陈之茂那样不畏权贵的主考官也不可谓多，否则所谓徇私舞弊现象早该绝迹了。陈之茂的可敬、可贵、可爱之处在于坚守科举取士的规矩，不接受请托，哪怕当朝宰相秦桧一手遮天也无所畏惧，因为他早已把生死置之度外了。我在对陈之茂肃然起敬的同时，也为陈之茂们唏嘘不已。在古代中国，做个好官咋就这么难呢？不过就是考试罢了，却为了秉公执法，竟然要冒着生命危险！朗朗乾坤，岂非咄咄怪事？

况钟整饬苏州

　　况钟是江西靖安（今江西靖安）人，出身于一个显贵的家族，但到他父亲这一辈时，不幸家道中落，生活十分贫困。况钟从小受到生活磨炼，自幼勤学苦读，在学业上很有成就。二十三岁那年，因其文章简明畅达，被县令俞益选用为礼曹吏员。任职期间，况钟兢兢业业、任劳任怨，且办事干练，从不拖泥带水，很受俞益赏识。因此任期满后，俞益就将他推荐给好友、礼部尚书吕震。吕震与况钟交谈，发现其很有才华，于是就破格选用他为礼部仪制司主事。从此，况钟更加勤于职守，举行各种礼仪活动从没有失误过，很受朝廷器重，明成祖朱棣为此还破例召见了他，以示恩宠。

　　明宣德五年（1430），苏州知府之职空缺。苏州本是江南富庶之地，此时却是一个让朝廷大伤脑筋的地方。当时，苏州府的税负比全国其他任何一个地方都多，加之贪官污吏作恶多端，使得百姓生活困苦，被迫逃亡。朝廷几经考察，认定况钟为人正派、办事干练，于是便命他出任苏州知府。临行之前，明宣宗朱瞻基召见况钟，并赐给他一道敕书，让他便宜行事。

　　况钟以前就做过县吏，了解那些官员耍奸作猾的伎俩。为了全面掌握情况，便于应对，他到苏州后假装糊涂，表面上对那些阿谀奉承的吏员们客客气气，遇见事情常常向他们请教，并按照他们的意见一一办理。吏员们见新来的知府如此糊涂，十分高兴。一些特别傲慢的吏员，如苏州通判赵忱更是肆无忌惮，为所欲为。况钟佯装不知，故意容忍，暗地里却四处调查，搜集这些人的罪证。过了一个多月，对于豪绅猾吏相互勾结的事情，他终于摸得一清二楚。一天，况钟让人把属下吏员及学官子弟、地方耆老全部叫来，当众宣读明宣宗给他的敕书，其中"僚属犯法，径自拿问"的话吓得众人面如土色，不知所措。接着，况钟历数一个多月来他搜集

的不法吏员的罪状，随即将这些人就地扣押，不多日即上报朝廷，处斩了六个不法官吏，还将其罪行一一公布。如此一来，苏州官场风气大有改观。

当时，苏州农村有一种四周围堤的低洼田，叫圩田，管理人员叫圩长、圩老，共有九千人。这些人多数是恶霸，经常欺压善良本分的农民。况钟认为设置圩长、圩老是弊大于利，于是就不顾上司反对，发布《革除圩老告示》，坚决取缔了圩长、圩老的职位。况钟雷厉风行，震动了整个苏州府，贪官污吏、恶霸劣绅个个胆战心惊，不得不有所收敛。

对于那些虽不直接归他管辖，但驻防在苏州境内的不法军官和朝廷派出的宦官，况钟也不畏权势，敢于打击。

明朝时苏州沿海驻有一些军队，常常借巡查河道之名，借机敲诈过往客商，或贩卖私盐。这些人平日里骄横惯了，根本不把地方州府放在眼里，气焰十分嚣张，老百姓们忍气吞声，敢怒而不敢言。况钟上任后，便将犯事的将官和士兵一并捕获，交由朝廷发落。

当时，为了采办宫廷需要的各种服饰、玩物，朝廷向各地派出很多宦官。这些人借采办之机，横行不法，鱼肉乡民。当时有个叫来福的宦官竟然当众行凶，殴打地方官吏。况钟得报后，当面怒斥来福，压住了这伙人的气焰。此后，他们再也不敢公然为非作歹，老百姓也免去了许多祸害。

当时全国一年夏秋两税的总数是3000多万石，苏州一府七县就要收281万石，占全国总数的近十分之一。况钟经过细致的调查、统计和计算，在巡抚周忱的支持下，奏准朝廷，减免了全府官私田租共160多万石，免除以前欠税数70万石，提高了农民的生产积极性。此外，况钟在苏州还大力平反冤狱，兴修水利，设置"济农仓"，救济灾民，兴学育才，当地人民称他为"况青天"。

况钟在苏州一连做了三任知府，每次任满，照例要升迁，但全苏州的百姓都挽留他，多次联名上书朝廷。朝廷不得已，只得让他连任，而将他的官衔从正四品提升到正三品。

长期的操劳使得况钟积劳成疾，正统八年（1443）的时候况钟死在任上，享年六十一岁。到这时，他已经做了十三年的苏州知府了。

◇孔明点评◇

在历代中国官场，清官难当，原因主要有二：一是官场生态恶化，贪腐成风，是非颠倒，为官不同流合污，势必孤立无援，不但处处遭掣肘，而且容易遭到构陷，因为清官是贪官的眼中钉、肉中刺；二是欲洁身自好，非得甘于清贫不可，所以个人修养很重要。况钟能成为清官，一是自律自励，安贫乐道；二是出淤泥而不染；三是有智慧，有办法，巧妙周旋，不蛮干；四是争取上级支持；五是真心为民办事，深得老百姓拥戴。况钟任苏州知府十三年，能善始善终而升迁，一赖赏识，二赖政绩，三赖运气。但也说明，清官并非不能做，关键还是看愿不愿做。

戚景通为官尽责

　　戚景通是明朝一位高级将领,他文武双全、治军严明,在当时很有名望,著名的抗倭名将戚继光就是他的儿子。

　　戚景通最初被朝廷任命为江南漕运把总,他恪尽职守,尽职尽责,一心一意为朝廷办事。以往官员转运粮食,不仅大肆搜刮老百姓,往往还要在向太仓输送时虚报数目,以便从中牟取私利。于是,手下人就把这一"生财"的门路告诉了刚刚到任的戚景通。谁知他听后竟生气地说:"自从我为皇上办差以来,一向秉公办事,不敢有丝毫隐瞒。这次我宁愿受到上司的责罚,也不会虚报瞒报,欺骗皇上,违背自己的良心!"所以等他把粮食送到太仓之后,实际数目与账簿上的不符。度

支官一见，以为戚景通蓄意哄瞒朝廷，于是上奏将他判罪降级。

过了几天，当地一个官员张千户给他送来粮运私下盈余的三百两白银。他笑着说："我是因为不愿欺瞒皇上才获罪的，难道还会为贪图这点私余的钱去做欺瞒的事吗？"

后来戚景通的事情被查明，朝廷又恢复了他的官职。

当时，有一个叫戚勋的人凭借总督备倭的身份找到戚景通，邀请他改为与自己同一血缘的姓氏。戚景通说："我的祖先以前姓倪，这些在勋府都有记载，即便我现在想改为与您同一血缘的姓氏，可是又怎么处理玺书（古代用印章封印的文书）呢？"就这样，他委婉地拒绝了戚勋的邀请。

由于戚景通为人清廉谨慎，忠于国家，被朝廷委任为总督备倭，不久又提升为山东都司佥事，后来他再次被提升，当了大宁都司掌印。

那时候，河间那个地方的河道淤积严重，河水经常泛滥。朝廷派人去修护，可修了好久也不见成效，于是就命戚景通去督办。结果戚景通去了不到一个月，河道就修好了。皇帝因此很赏识他，遇到一些难办的事，总要征询他的意见。有一次大宁金书职位空缺，皇帝打算安排内附的外族人担任这一职务，在征询戚景通有什么合适人选时，他推荐了安荣。安荣知道后，带了许多金银前去感谢戚景通。戚景通说："我是因为你很有才干，又忠于国家，这才推荐你。这都是为了公事，没有个人的私意。"安荣听后，惭愧地带着金银回去了。

戚景通快六十岁时才有了儿子，因此对孩子十分疼爱。他希望孩子将来能继承自己的事业，就给孩子起名戚继光。虽然戚景通对儿子满怀希望，但从不放松要求，以免他受到来自各方面的不良影响。一次戚继光穿着一双装饰精美的漂亮鞋子，走到戚景通的面前让他看。戚景通严肃地说："小小年纪就穿这么好的鞋子，长大了很难保证不贪图享受。如果当了军官，谁能保证不贪污军饷呢？"说完，非要戚继光把鞋子脱下。戚继光说鞋子是外祖父家送的，戚景通这才平静下来，但还

是让人扯掉了鞋面上的饰品。

在戚景通的影响教育下，戚继光养成了不慕虚荣、奋发向上的品质。后来，戚继光创建"戚家军"，率军南征北战，终于消灭了屡屡侵犯我国海疆的倭寇。

◇孔明点评◇

俗话说："有其父必有其子。"戚继光能成为一代抗倭名将，离不开其父戚景通的言传身教。戚景通为官之道其实并不难做到，就是克己奉公，忠于职守，不以权谋私。对官场潜规则，他未必不心知肚明，但他我行我素，不肯随波逐流；为官举荐人才，既出于公心，便不以私恩授受；暮年得子，却不溺爱放纵，使儿子戚继光青出于蓝而胜于蓝；安贫乐道，不追慕奢华，更是他明智之所在。凡此种种，哪一样不容易做到？但凡不存贪心，便不会利欲熏心，便会安分守己，做人便是好人，做官便是清官，戚景通自己就做了这样的表率！

徐九思的"三字经"

徐九思是我国明朝中期人，出生于江西贵溪一户普通农家。他从小聪明伶俐，勤学上进，在父亲及塾师的悉心教导下，学业进步很快。

徐九思考中进士后，先是在朝廷担任一些闲散小官，直到嘉靖十五年（1536），才被任命为句容知县。

当时，官场风气败坏，贿赂盛行，搞得民不聊生，怨声四起。徐九思到句容后，最初装作无所事事，好像没多少本事，暗地里却抓紧时间了解情况。不久，有个小吏袖里藏着空白文书偷盖县衙印章，被当场抓获。徐九思立刻召集全体县吏到大堂公审，并当众宣布他的罪责，按律惩处。众人纷纷为小吏求情，但徐九思坚持依律严惩。这一举动使得句容官场风气为之一变，县吏们

心怀畏惧，不敢再胡作非为。

茅山是道教名山，历年来朝廷常派有权势的太监到茅山祭祀，百姓苦于供应物资，生活艰难。徐九思通过查找旧的公文账目，发现县衙府库存有多年积攒下来的"盐引金"（商人运销官盐的盐税收入），于是便请求上级用这些"盐引金"来抵消茅山祭祀的开支，从而免除了百姓的一大负担。

徐九思到句容不久，其为官的"三字经"——勤、俭、忍，就在同僚及当地百姓间传开来。

勤，就是勤于公务。为避免县吏营私舞弊，许多公务他都亲自处理。如征税催赋，以前都是由县吏办理，这就为他们提供了上下合谋、从中渔利的机会。徐九思首先亲自了解乡民的贫富，然后再依据实情分配徭役，平衡赋税的轻重，查实豪强隐占的赋税，不再转嫁到贫民头上。解运赋粮是繁重的徭役，以往官吏往往视礼金的多少决定承担的比例，徐九思改用抽签之法并亲自主持，改变了重役由无钱送礼的贫民承担的不合理做法。审理案件时，徐九思经常命令涉案人员及其亲友一同前往，以便让百姓监督，避免冤狱。

俭，就是节俭裕民。徐九思为官首先自奉清廉，厉行节俭。他要求自己"不嗜肉，惟啖菜，佐脱粟"。据说他针对当时贪腐盛行、奢靡成风的情形，在县署前的石屏上刻画了一棵青菜，居中题词："为吾赤子，不可一日令有此色；为民父母，不可一日不知此味。"两旁一副对联"方丈石墙为户屏，一丝画菜为官箴"以此自勉，同时也警示他人。后来画菜的石屏被移至县署西边，称作"菜铭碑"。为节省开支，徐九思身先士卒，在县衙的大园圃里种上蔬菜瓜果，饲养了鸡、鸭、羊等禽畜，还把园中的水池改建为鱼池。园中的收获不仅改善了县吏的生活，而且节省了县衙的招待费用。

忍，就是忍让不争。徐九思告诫自己要安于清贫，不争名利，不与贪官同流合污。但是他的忍是有原则的，他对自身的名利可以忍而不争，对于百姓的利益，则丝毫不忍不让。正因为他耐得住清贫，忍得住名利的诱惑，不计得失，才敢于同侵害百姓利益的豪强做坚决斗争。那时句容连年大旱，农田歉收，贫苦百姓没有钱

买粮食，巡抚就开仓以平价将粮食卖给百姓，但买进粮食的却都是富裕人家，他们将粮食以平价买进，囤积起来以牟取暴利。了解了这些情况后，徐九思决定，只按时价卖出巡抚所拨粮食的一半，把钱交入官府，用剩下的粮煮粥给饥饿的人吃。粮食多时，让民众根据自己体力分取背走。那些住在偏远山谷的，让他们就近取富贵人家的粮食，官府替他们偿还，很多人因此活了下来。此一举措没有机械地执行巡抚的指令，却让百姓得到了实惠。他曾说："即使天子施大恩于民，哪能人人都可以减免赋役，关键在于我们这些做官的，在执行时能否斟酌缓急而已。"

徐九思一心为百姓秉公办事，却因此得罪了时任应天巡抚的丁汝夔，他准备将徐九思贬离句容。当地百姓得知后，扶老携幼，数千人前往应天府衙求情，称颂徐九思贤德。很多老人哭着说，没有徐公，他们早就在大灾之年饿死了。后来吏部尚书熊浃出面干涉，才使得徐九思继续留任。

徐九思在句容知县任上一干就是九年，直至嘉靖二十四年（1545）离任。句容百姓苦苦挽留不住，每天都有大批民众前来与他道别，致使其行程延迟了一个多月。民众们自发地为他建生祠四五座，其中最大的一座就是矗立在茅山之顶的"遗爱祠"。

◇孔明点评◇

明代清官徐九思的"三字经"，即"勤、俭、忍"，完全可以成为当今官员的座右铭。为官而不作为，是为懒官。懒官享受国家俸禄，却尸位素餐，要此官于国于民何用？为官而不俭，反而奢靡浪费，不心疼老百姓的血汗钱，要此官于国于民何益？为官而不忍，欲壑难填，贪得无厌，不但与民争利，而且雁过拔毛，中饱私囊，要此官于国于民不但无利，而且有害。徐九思是一面镜子，说明：第一，清官有人做，关键是如何选人、用人，知人善任；第二，清官也能做，关键是有无服务意识，有无奉献精神，有无品德修养；第三，奉行徐九思的"三字经"，一以贯之，必受老百姓拥戴。徐九思做句容县令九年，不但有口皆碑，而且被老百姓自发地建祠纪念，因此而流芳百世，值了！

铁面无私的海瑞

在明朝二百七十余年的历史上，海瑞是一位富有传奇色彩的人物。在官场上，他是奸臣权贵讨厌的"刺头儿"；在民间，他是备受人们崇拜的英雄。海瑞没中过进士，进入仕途的资格是举人出身，所以最开始仅做县学的教谕（学官）。到任后，他就废除学生向教谕送礼的旧俗。提学御史来视察县学，县官与其他官员跪下迎接，通报自己的姓名。只有海瑞不下跪，只是拱手作了个揖。他说：学校是教学的地方，不是衙门，教师不该给官员下跪。

过了几年，海瑞被任命为浙江淳安县知县。淳安是三省交通的要道，过境的官员及其随从所需，都要由当地百姓负担。于是，过境的官员越多，百姓的负担就越重。不过，对于官员来说，巴结讨好上司的机会也很多，容易获得升迁的机会。可是海瑞刚一上任，就废除了许多不合理的苛捐杂税，又严格规定迎来送往时不许铺张浪费，不许赠送礼物。

有一次，内阁首辅严嵩的死党鄢懋卿以御史的身份到江南视察。鄢懋卿惯于敲诈勒索，收受贿赂，但表面上却发出文告，叫地方官员不要送礼，不要铺张浪费。

海瑞收到鄢懋卿的文告后，知道他这只是官样文章，说说罢了，其实还是要到各地搜刮一番。海瑞自然不愿迎合他，于是顺水推舟，亲自给鄢懋卿写了封信，说："读了大人的文告，要各地迎送招待一切从简。我相信大人说的都是真心话。但是我听说，大人南下，沿途各处都为大人办了丰盛的酒席，每桌花费三四百两银子，而且还有不少人将金银绸缎在宴席上奉献给您；他们为您准备的住处也极尽奢华，就连便壶都是银子做的。这使我很为难，如果按照您发的文告，担心怠慢了您；如果像各地官员那样大肆铺张，又怕违背了您的本意。所以，怎么个接待法还是请您决定，以便我们按要

求准备。"鄢懋卿看后，勃然大怒，但此时他的把柄已被海瑞抓住，也不敢做什么，最后只好绕道去了别的地方，没有进淳安县一步。

还有一次，顶头上司浙江总督胡宗宪的儿子路过淳安，住在淳安县的驿站里。当时，海瑞曾经给驿站立下一条规矩：不管哪一级官吏，都不准额外破费，一律按普通客人招待。所以驿丞招待胡公子时也照此执行。胡公子平日里养尊处优、横行霸道惯了，见驿丞如此慢待自己，十分生气，就让家丁把他吊起来殴打。

驿吏慌慌张张跑到县衙禀报。海瑞听后，命令衙役到驿馆将胡公子等人抓了起来，带到公堂上审讯。一到公堂，胡公子暴跳如雷，冲着海瑞大喊大叫："海瑞，你好大胆，敢抓堂堂总督的公子！"

海瑞大声斥责道："总督大人一贯要求属下奉公守法、廉洁自律。他自己也为人表率，哪里会有你这样无法无天的儿子？你一定是冒充的胡公子，败坏总督的名声，必须严办！来人，给我先打二十大板。"胡公子从小娇生惯养，哪里受过这种罪，挨过板子后再也不敢嘴硬,乖乖地在供状上认罪画押。海瑞没收了胡公子随身携带的几千两银子,又给胡宗宪写了一封信,连人带信送到杭州,请胡宗宪发落。胡宗宪是哑巴吃黄连,有苦说不出,只好将自己儿子臭骂了一顿了事。

海瑞一生抱定为国尽忠、为民请命的宗旨,自到京城做户部主事以后,对嘉靖皇帝的昏庸无能和朝政腐败看得很多。嘉靖皇帝长年深居宫中,不去朝廷处理政务,专心致志地学道炼丹。总督、巡抚等边关大吏争着向皇帝贡献有祥瑞征兆的物品,礼官总是上表致贺。朝廷大臣自杨最、杨爵因直言进谏获罪以后,再没有人敢直言进谏。海瑞对此十分不满,于是在嘉靖四十五年(1566)二月时单独上疏,将嘉靖皇帝所犯的错误全部列了出来。在此之前,他事先买好了棺材,并且将自己的身后事托付给了一个朋友。

嘉靖皇帝读了海瑞的奏疏,十分恼怒,把奏疏扔在地上,对左右说:"快把他抓起来,不要让他跑了。"宦官黄锦在旁边说:"这个人向来有傻名。听说他上疏时就买好了一个棺材,和家人诀别,现在在家里等死

呢，他是不会逃跑的。"皇帝听了默默无言。过了一会儿又从地上捡起海瑞的上疏，一天里反复读了多次。他曾对身边人说："海瑞这个人可和比干相比，但朕不是商纣王。"当时，嘉靖皇帝有病，心情郁闷。他召来宰相徐阶议论禅让帝位给皇太子的事，说："海瑞所说的都对。朕现在病了很长时间，怎么能临朝听政？"又说："朕确实不自谨，导致现在身体多病。如果朕能够在便殿议政，岂能遭受这个人的责备辱骂呢？"于是下令将海瑞逮捕，关进大狱。

当时，多亏宰相徐阶等人竭力营救，海瑞才保住性命。过了几个月，嘉靖皇帝驾崩，海瑞被放了出来，官复原职，不久改任兵部，被提拔为尚宝丞。

隆庆三年（1569），海瑞升任右佥都御史，巡抚应天十府。海瑞早就憎恨大户兼并土地，巡抚江南后，他全力摧毁豪强势力，命令那些拥有大量土地的豪强大户将强占的土地退出来，分给穷苦百姓。当时徐阶罢相后在家中居住，他家也占有大量土地。海瑞对于徐家也不给予优待，反而先拿他家开刀。

海瑞的刚正让大小官员都惶恐不安，他们联合起来给皇帝打"小报告"，处处排挤海瑞。没过多长时间，海瑞就被革职回乡。从此他赋闲在家长达十六年之久。

万历十三年（1585），海瑞被重新起用，先后任南京吏部右侍郎、南京右都御史，这时他已是七十二岁的老人了，但仍勤勉地为国事操劳着。万历十五年（1587），海瑞病逝于任上。

海瑞的传说故事在民间流传得很广，后经文人墨客加工整理，编成了著名的长篇公案小说《海公大红袍》和《海公小红袍》，以及戏剧《海瑞》《海瑞罢官》《海瑞上疏》等。海瑞和宋朝的包拯一样，是中国历史上清官的典范、正义的象征。

◇**孔明点评**◇

老百姓喜欢海瑞，但海瑞却让我们唏嘘不已！当清官为什么那么难呢？我总结了三条原因：其一，官场生态譬如污泥，清官就是出水的莲花，虽然亭亭玉立而高洁，却容易遭遇风吹雨打，甚至风雨摧残；其二，清官要为民办事，照章办事，坚守底线，必然触及潜规则，

势必遭遇既得利益者的嫉恨与抵制，有时候甚至是你死我活的，因为双方对立，无法调和；其三，清官一般都有思想，有主见，譬如海瑞，认为皇上有错，便抬棺直谏。说白了，清官就是认死理，一根筋，不肯拿原则交易。中国是人情社会，秉公办事势必遭遇人情围追堵截，不就范屈服，必然树敌。海瑞当清官辛苦又清贫，还不被皇帝理解。嘉靖皇帝如不早死，海瑞能否善终，真的难说。为什么会这样？历史是面镜子，面对镜子，不应该反省吗？

谈迁写《国榷》

谈迁是明末清初的史学家，原名以训，明朝灭亡后改名为谈迁。他自幼刻苦努力，勤学好问，但由于家境贫寒，只得靠给人抄抄写写维持生计。在此过程中，他有幸阅读了大量图书，尤其是有关历史方面的图书，对历史产生了浓厚兴趣。

谈迁青壮年时期恰逢改朝换代之际，战乱四起，他对仕途心灰意冷，一生没有踏入官场。二十八岁那年，他的母亲病逝。谈迁在家守孝期间，得到一部陈建著的《皇明通纪》，便仔细读起来。读着读着，就生气起来。原来这本书写得实在太差，书中记载的许多史实都有错误，而且见解也很肤浅，根本算不上是"通纪"。于是他下定决心，自己动手编写一部信实可靠的国史，

留给后世。

　　一个家境清贫，仅靠为人抄抄写写维持生计的平民百姓，想编写一部明代史书，谈何容易！首先碰到的问题便是史料匮乏，当时像实录一类的书还是手抄本，多藏在豪门士绅之家。谈迁必须托人情、说好话才能借到或被允许抄录这些书。

　　除了借书、抄书，谈迁还到处寻访古迹逸闻，充实自己的史料，每有所得就记在纸上，日积月累，案头上的稿子越积越厚。在此过程中，他发现有几朝的实录也很不可靠，比如明太祖的实录是分三次改写的，每一次都会隐没不少历史真相。为了求得真实可靠的历史，谈迁便认真通读他所搜集或抄来的明代所有历史家的著作，将其对比考证，做成一条条的札记，按年月日逐一综合分析研究，从中选出可信的编入书中。寒来暑往，经过二十多年的不懈努力，历经六次修改，一部四百多万字的明朝编年史——《国榷》终于在谈迁五十多岁时完成了。

　　万分不幸的是，就在这部可以流传千古的鸿篇巨制即将付印前发生了一件意想不到的事情。一天夜里，小偷溜进他家，见家徒四壁，无物可偷，以为锁在竹箱里的《国榷》原稿是值钱的财物，就把整个竹箱偷走了。从此，这部珍贵的书稿就下落不明。

二十多年的心血转眼之间化为乌有，这对任何人来说都是致命的打击，更何况此时的谈迁已经是体弱多病的老人了。他茶饭不思，夜难安寝，只有两行热泪在不停流淌。很多人以为他再也站不起来了，但厄运并没有打垮谈迁，他很快从痛苦中挣脱出来，又回到了书桌旁，下决心从头撰写这部史书。

这次重新写作，谈迁仍以《实录》为基础，找来不同的版本作参考。尽管年纪大了，已非年轻时那样精力充沛，但他仍然是不避酷暑严寒，风尘仆仆奔走于嘉善、归安、吴兴、钱塘之间，向藏书家说好话，求人情，借书，抄书。又过了几年，在他六十岁那年，一部新的《国榷》又写成了。但在这次写作过程中，谈迁发现从万历到崇祯这几十年的历史，由于朝廷内部党争厉害，各人的立场不同，对同一事件有不同的说法；加之

许多记载都是来自传闻，不太可靠，要解决这些问题，就必须去北京找经历过这些事的人，向他们请教。

可是，谈迁家境贫困，前往北京的路费和食宿花费根本无处筹集。也是天遂人愿，恰好此时义乌县的朱之锡进京做弘文院编修，聘请谈迁做他的记室，承担一些文墨工作。谈迁喜出望外，满口答应下来，不久就带上书稿同朱之锡北上进京了。

到了北京，谈迁除了替朱之锡做些文字工作之外，就是全力为他的《国榷》搜集材料，访问有关人物。他通过同乡曹溶的关系，认识了吴伟业、霍达。他们二人都是崇祯年间的进士，又是清王朝的现任官员，亲身经历过许多事件。通过与他们交谈，谈迁了解到许多书上没有的宝贵资料，一一笔录下来。在他们那里，谈迁还借到了《万历实录》和《崇祯邸报》，取得了核对书稿的第一手资料。

此外，谈迁还用大量时间探寻明朝遗迹，前朝的降臣、皇亲、宦官以及公侯的门客，他几乎遍访无遗。而《国榷》一书，由于清初统治者压制民族反抗运动，大

兴文字狱，一直不能公开刊印，所以很少有人知道。直
到新中国成立后，1958年12月，才第一次排印出版。历
史学家谈迁一生的治学成果终得刊行。

◇孔明点评◇

　　谈迁写《国榷》的抱负与精神，足可垂范后人。耗
费二十年心血，经过六次修改，于半百之年完成了一部
四百多万字的明史《国榷》，却一夜间被小偷偷走，如
此打击一般人谁受得了？从此灰心丧气、一蹶不振都有
可能，但谈迁没有，他反而重拾梦想，另起炉灶，从头
做起，又经过多年的孜孜矻矻，使《国榷》不但重获新
生，而且比之前更胜一筹。生命的意义是什么？治学的
精神是什么？谈迁用自己的巨著《国榷》做了最好的诠
释与回答！与谈迁相比，当代人治学、治史的条件和手
段不知好了多少倍，但有几人能与谈迁比肩呢？

盲人唐汝询刻苦治学

　　唐汝询是明朝末年著名的学者、盲人诗人。他撰写了流传至今的规模宏富的五十卷《唐诗解》，其中对于唐诗的见解至今仍被研究者广泛地引用。一个盲人，却有如此成就，其中的艰辛可想而知。

　　唐汝询生下来的时候眉清目秀，三岁的时候，在家人的悉心教导之下，他开始识字读书。唐汝询聪明好学，记忆力超群，不久他就认识了好几百个字，而且还能看懂一些简单的书。不幸的是，五岁那年，唐汝询出了天花，这在当时可是一种可怕的病。家人费尽周折，请了好几位名医为其诊治，最终他的病虽然好了，但两只眼睛却从此失去了光明。

　　刚开始的时候，唐汝询感到十分痛苦，幼小的心灵怎么也接受不了如此打击。他整日闷闷不乐，总是痴痴地靠在墙边若有所思。家人见了，心里很不是滋味，就不时地找机会开导他，拿历史上的名人事迹激励、鼓舞他。在家人的耐心劝导下，唐汝询慢慢从痛苦中走了出来，心想：只要我有坚强的意志，两眼看不见也照样能学习。于是，每逢哥哥读书的时候，他就坐在旁边用心地听，把听到的文章和诗句一字一句地记在心里。为了增强自己的记忆力，唐汝询想了好多办法。他仿照古人结绳记事的办法，在绳子上打上各种各样的结儿来代表诗句，他还用刀子在木板或者竹片上刻出各种各样的刀痕来代表文字。哥哥不在家的时候，他就用手摸着这些绳结和刀痕，大声地朗读。

经过长期坚持不懈的努力，唐汝询逐渐掌握了这种学习方法，读了不少的书，记下了不少的诗。后来，他自己又学着作诗。作诗的时候，要是有人在身边，他就念出来，请人家帮他写在纸上；要是没有人帮他写，他就先用结绳和刻刀痕的办法把诗记下来，然后再请人写到纸上。唐汝询就用这样的办法，作了许多首诗，成了

一个远近闻名的盲人诗人。

此后，唐汝询更加发奋努力，他把自己多年积累的一千五百多首唐诗分为七体（即五言古诗、七言古诗、五言绝句、七言绝句、五言律诗、七言律诗、五言排律），加上注释及详解，形成一部巨著——《唐诗解》。

唐汝询身残志坚、不向命运屈服、艰苦努力、执着求学的精神为后人所称颂。

◇孔明点评◇

把重大责任放在自己的肩头，这样自然就会把自身全部的潜能激发出来，并促使自己运用全部的力量去完成任务。

徐霞客远游探险

　　明朝末年，就在东林党人与魏忠贤阉党斗得不可开交的时候，在江苏江阴的一个村子里，出了位奇人，他就是徐霞客。

　　徐霞客本名徐弘祖，霞客是他的号。他出生于一个当地有名的富庶之家，十八岁那年，徐霞客的父亲不幸病逝，母亲主持家务。那时，徐霞客很想外出寻访名山大川，但因有老母在堂，所以没有马上出游。徐母是一位很贤德的人，她支持儿子的志向，经常鼓励他说："男子汉志在四方。游览名山大河，可以增长见识，拜访有名的老师，是好事。怎么能让孩子像篱笆下的小鸡、马圈里的马驹一样被圈死呢！"

　　徐霞客听了这番话，非常感动，决心去远游。

二十二岁那年，他戴着母亲亲手为其缝制的远游冠，肩挑简单的行李，离开了家乡。从此直到逝世，他绝大部分时间都是在旅行考察中度过的。

徐霞客首次出游，泛舟太湖。过了两年，他再次出游，这次走得很远，登泰山，拜孔林，游览孟母三迁的遗迹。二十八岁时，他来到温州的雁荡山。徐霞客想起古书上说的雁荡山顶有个大湖，就决定爬到山顶去看看。可当他艰难地爬到山顶时，只见山脊笔直，根本无处下脚，怎么可能有湖呢？但徐霞客仍不肯罢休，继续前行到一个大悬崖边，路没有了。他仔细观察悬崖，发现下面有个小小的平台，就用一条长长的布带子系在悬崖顶上的一块岩石上，然后抓住布带子悬空而下，到了小平台上才发现下面陡深百丈，无法下去。他只好抓住布带，脚蹬悬崖，吃力地往上爬，准备爬回崖顶。爬着爬着，带子断了，幸好他飞速地抓住了一块突出的岩石，不然就会掉下深渊，摔个粉身碎骨。徐霞客把断了的带子接起来，又费力地向上攀援，终于爬上了崖顶。

在游览、考察中，徐霞客有顽强的毅力。他不怕苦，不怕险。只要听说哪里有奇洞，哪里有险峰，他一定要去攀登，决不放弃。他出游时，吃粗劣的食物，甚至几天不吃饭；他不怕严寒酷暑，甚至睡在冰天雪地里。

一年秋天，徐霞客游黄山，文殊院的和尚告诉他，天都峰比较近，但山势险峻，没有路；莲花峰虽然有路，但却很远。所以建议他爬莲花峰。

徐霞客认为，山越险峻，才越奇异，因此偏偏选择爬天都峰。他在陡立的石壁和乱石中，双手抓住杂草和荆棘，一寸一寸移步往前，终于爬上峰顶。第二天，他再爬上莲花峰。原先人们都说天都峰是黄山最高峰，经过亲身攀爬，徐霞客发现莲花峰高于天都峰，纠正了这一说法。

接着，徐霞客还走过福建武夷山的三条险径：大王峰的百丈危梯、白云岩的千仞绝壁和接笋峰的"鸡胸""龙脊"。在他登上大王峰时，已是日落时分，天色逐渐暗淡下来，根本就找不到下山的路径，他就用手抓住攀缘的藤蔓，"乱坠而下"。在中岳嵩山，徐霞客也是顺着山峡往下悬溜下来的。

人迹罕至的深山古洞，有神仙鬼怪的传说，也常有豺狼虎豹出没，但这些都阻止不了徐霞客考察的脚步。他来到湖南茶陵云嵝山，听说山中古木参天，还有一座古庙，景色幽美。但因为有老虎，吃过和尚，已经荒无人烟了。村民劝他不要去送死，他却连夜进山，与几个带路山民，拿起器械，打着火把，冒着滂沱大雨，走了十多里路，终于找到那座古庙，完成了考察。

徐霞客的游历，并不是单纯为了寻奇访胜，更重要的是为了探索大自然的奥秘，寻找大自然的规律。他对福建建溪和宁洋溪水流的考察，就是一例。黎岭和马岭分别为建溪和宁洋溪的发源地，两座岭的高度大致相等，可是两条溪水入海的流程相差很大，建溪长，而宁洋溪短。徐霞客经过考察，找出宁洋溪的水流比建溪快的结论。"程愈迫则流愈急"，也就是说路程越短，水流越急。这个地理学上的著名结论，就是由徐霞客通过实地考察得出来的。与此同时，他还对许多河流的源头进行了考察，像广西的左右江，湘江支流潇、彬二水，云南南北二盘江，以及长江等，得出了许多科学结论。

此外，徐霞客还是我国对石灰岩地貌进行科学考察的第一人。我国西南地区石灰岩分布广泛，徐霞客在湖南、广西、贵州和云南做了详细的考察，对各地不同的石灰岩地貌做了详细的描述、记载和研究。他还考察了一百多个石灰岩洞。在湘南九嶷山，他听说有个飞龙岩，就请当地的和尚明宗引导，带着火把去考察。飞龙岩是个巨大的洞穴，曲曲折折，洞里有洞，洞内又是坑又是水，很难行走。徐霞客全不顾及，一直深入进去，鞋跑掉了也不在乎。明宗几次劝他回去，他都不听。直到火把快烧完了，他才恋恋不舍地往回走。徐霞客没有任何仪器，全凭目测步量，但他的考察大都十分科学。如对桂林七星岩十五个洞口的记载，同今天我们地理研究人员的实地勘测结果大体相符。

徐霞客在旅游途中，有天天记日记的习惯。他无论多么疲劳，无论在什么地方住宿，都坚持把自己考察的收获记录下来，将他的行踪，所见到的山川景色，遇到的人和事，以及他对大自然的描写、观察、研究心得以及自己的感受，都写到日记中。这些日记共有二百四十

多万字，可惜大多失散了。留下来的经过后人整理成书，就是著名的《徐霞客游记》，书中依然保存了丰富的科学资料，且其文字简明流畅，称得上是优秀的文学作品。

徐霞客在旅游途中，三次遇到强盗，盗走了他的衣服和路费，多次遭遇生命危险，但都没有改变他游遍神州的决心。在完全没有政府资助的情况下，他先后游历了江苏、安徽、浙江、山东、河北、河南、山西、陕西、福建、江西、湖北、湖南、广东、广西、贵州、云南十六个省。东到浙江的普陀山，西到云南的腾冲，南到广西南宁一带，北至河北蓟县的盘山，足迹遍及大半个中国。

徐霞客的壮游，对中国的地质、地理、水文及植物学，特别是对西南地区的岩溶地貌的考察，做出了很大贡献。

◇**孔明点评**◇
明代徐霞客能成为一位旅行家、地理学家兼文学家，首先恐怕要感谢他父母的远见卓识。父亲不言传身教，母亲不深明大义，徐霞客纵有旅行天下的抱负，要想身体力行而如愿以偿，在那样的时代，可能性很小。但这只是前提条件，真要一生冒险旅行而乐此不疲，没有毅力，没有不怕死、不怕累的冒险精神，一切都无从谈起。今天，我们有理由为中国庆幸，因为我们中国拥有徐霞客和他的《徐霞客游记》。徐霞客的身上释放出来的正能量值得后人吸收、消化。当然，要成为徐霞客，没有学识素养，没有一流的文笔与丰富的文学想象力，只能是白日做梦。一个人认准了的事只要是有意义的，那么只要他具备去做这件事的实力、潜力和毅力，并持之以恒，梦想成真是完全有可能的，这恐怕是徐霞客留给后人最宝贵的启示。

七品县令郑板桥

郑板桥是清朝康熙年间的秀才。雍正十年（1732），四十岁的他才中了举人。乾隆元年（1736），郑板桥赴北京应试，中了进士，这一下他就有了做官的资格。高兴之下，郑板桥画了一幅《秋葵石笋图》，并题诗一首："牡丹富贵号花王，芍药调和宰相祥。我亦终葵称进士，相随丹桂状元郎。"以此喻指自己四十四岁中进士，虽然年龄大了点，不能像牡丹、芍药那样在春天与群花争艳，却能像秋葵那样与丹桂齐芳。

然而中了进士的郑板桥因为没有靠山，又不善钻营，只能在京城闲居，等候朝廷的任命。这一等就是五年，直到乾隆六年（1741）才被选为七品县令，赴山东范县就任。

　　范县是鲁西的一个贫困小县，地处黄河北岸，人口不过十万。郑板桥上任后，以"为政清廉"自励，一心想为当地百姓办一些实事。因此一来到范县，他就叫人在县衙的墙壁上打了好多洞，搞得衙役们莫名其妙。郑板桥给他们解释说，县衙与外面隔着厚厚的墙，新鲜空气进不来，县衙里污浊的空气出不去。前任县令们偏爱在县衙里呼吸污浊的空气，不愿到外面呼吸新鲜空气，他却要走出县衙，打破县令与百姓间的隔阂。

　　当时大小官员出门，总要鸣锣开道，大张旗鼓，喝令百姓肃静回避。郑板桥却一反惯例，免去这些排场。他外出巡查，不带衙役，不坐大轿，喜欢到集市上逛一逛，到茶馆里坐一坐，到田间地头找农民聊一聊，从中了解百姓所想所需，以便对症下药，切实解决他们的困难。

　　郑板桥勤政廉洁，衙门公事从不积压。他断案公正，以身作则，严格约束下属官吏，使他们不敢索贿受贿，豪绅们因此也都畏惧他，不敢胡作非为。没几年，

范县境内百姓安居乐业，道不拾遗，夜不闭户。百姓对这位县太爷十分敬重，把他当作谆谆善诱的长者，每到一处，大家都争相拉他去家里做客和他叙家常。

郑板桥在范县一共当了五年知县。他关心百姓的疾苦，做了不少有益于百姓的事。

乾隆十一年（1746），郑板桥因政绩突出，被调到潍县当县令。潍县地处渤海边，盛产海盐，盐商很多，是个有名的富县。正是因为富，所以各级官员都想方设法从潍县给自己捞钱，潍县官员为了自己的前程，也都刻意讨好这些官员，给他们送钱送物，转身又从老百姓那里加倍搜刮，搞得民怨沸腾。

郑板桥来潍县之前就听说了这些情况。一上任，他就向县衙的官吏们宣布，不许贪赃枉法，鱼肉百姓，如果违命的话，将严惩不贷。当时，前任县令卸任时留有不少积案，这些案子大多是富商豪绅买通官吏而未做处置造成的。郑板桥只用了一个多月的时间，就将这些案子一一审清问明，严惩了一些横行不法的富豪恶霸。百姓们拍手称快，称赞他公正廉明，明察秋毫。

富商豪绅们虽受到震慑，但他们骄横惯了，根本不思悔改，而是想着收买拉拢郑板桥。于是他们就派人给郑板桥送了一张请帖，邀请他赴宴。郑板桥收到请帖，爽快地答应了。

赴宴那天，郑板桥一反往常，他带上全班衙役、捕快，鸣锣开道，大张旗鼓地来到设宴的地方。富商豪绅们都恭敬地站在门口迎候他，阵势很大，引来一大群看热闹的百姓。郑板桥走下轿子，与迎候的人寒暄了几句，突然脸色一变，大声说道："诸位，今天我郑某人不是为赴宴而来，只是想借此机会与大家见一下，与大家约法三章：本官不赴私人宴会，不收受钱财礼物。若有谁贪赃枉法，欺压乡里，必将严惩不贷。"说完这番话，郑板桥上轿，下令打道回府。自此以后，那些富商豪绅们收敛多了。

在潍县期间，郑板桥对自己施政的失误也是敢于正视的。当时每到冬天，潍县偷盗抢劫的事很多，为了维护社会治安，郑板桥就召集当地人编成小队，四下巡查，防范和缉捕罪犯。这本来是好意，谁想有的官员却

滥用职权，对无辜百姓敲诈勒索，而对罪犯却放纵不管，弄得百姓怨声载道。郑板桥发觉后，一面派人暗中调查处理，一面沉痛地检讨说："这个错误决定，使我愧对老百姓啊！"事后立即把小队解散了。

郑板桥在潍县共待了七年。这七年中最大的功绩就是救济灾民。

有一年，潍县闹旱灾。县里的富商趁机囤积粮食，哄抬价格，想发不义之财，许多百姓携儿带女，背井离乡，景象十分凄惨。郑板桥看到这一情景后，十分痛心。他一方面向上司呈报灾情，请求赈济灾民；另一方面就地查封投机商的粮仓，然后责令他们按照县衙规定的价格出售粮食。接着又采取以工代赈的办法，把灾民组织起来修筑城池、疏浚河道、加固堤防，由县衙按工发粮食。郑板桥还要求全县的富商大户都要开设粥场，每天给一些年老体弱的灾民供应两餐粥。

这些措施实施后，终于止住了外逃的人流，保住了劳动人口，使得许多家庭免遭不幸。百姓们因此人心安定，积极按照郑板桥的要求抗灾救灾，恢复生产。不久，天降大雨，百姓们欢呼雀跃，积极自救，一场大灾逐渐过去了。

在潍县的七年间，郑板桥心系百姓，时时处处为百姓着想。他曾画过一幅墨竹图，在上面题诗："衙斋卧听萧萧竹，疑是民间疾苦声。些小吾曹州县吏，一枝一叶总关情。"正是这样一位忠于职守、清廉刚正、政绩卓著的好县令，却因为灾荒年间开仓救济百姓，遭小人恶意举报，被上司免职。

潍县的老百姓听说后十分难过，他们倾城而出，都呼喊着不让郑板桥走。郑板桥也舍不得潍县这一方热土，还有那些相处了多年的百姓，就暂时留了下来，一直拖到第二年春天才离开潍县。

临走那天，郑板桥向依依惜别的潍县乡亲画竹题诗赠道："乌纱掷去不为官，囊橐萧萧两袖寒。写取一枝清瘦竹，秋风江上作渔竿。"

◇**孔明点评**◇

郑板桥是大才子，官却只做到县令。无论是在范

县，还是在潍县，他都把县令做得有声有色。他不按常规出牌，一任才智随时随地发挥，心里装着百姓，自然为百姓所拥戴。让他做县令，真是难为了他，又委屈了他，但他只要为民办事，便乐此不疲。偏是这样的官，老百姓喜欢，上峰不喜欢，所以郑板桥莫说正常升迁，能保住官位都难！为什么好官都吃不开、干不大呢？反思一下对当今吏治改革应该不无启发与裨益。

敬业尽职石赞清

　　石赞清出生于贵州省黄平县旧州镇石牛寨一个贫苦人家。他小小年纪父母就不在了，只好投靠在贵阳以编竹笠为生的伯父家。伯父很可怜自己这个侄儿，他省吃俭用，竭尽全力将石赞清送进私塾，希望他将来能有一个好的前程。进入私塾后，石赞清聪明好学，领悟力极强，深受塾师喜爱。过了一段时间，伯父家穷得实在揭不开锅，无力再供他读书，就打算终止他的学业。塾师觉得就这样让石赞清离开私塾，实在是太可惜了，于是就把他推荐给自己的东家高某。在高某的赞助下，石赞清才得以继续在私塾读书。经过一段时间观察，高某见石赞清聪明能干，勤奋踏实，就把自己的女儿许配给他。后来又送他到贵山书院读书。

　　清道光十五年（1835），石赞清中举，三年后考中进士，被派到直隶省等候任用。当时旗人出身的直隶总督琦善很讨厌科甲出身的官员，当石赞清到天津拜谒他时，琦善竟因石赞清其貌不扬对他加以斥责。石赞清十分生气，就与琦善争了起来。琦善大怒，命手下人将石赞清赶了出去。

　　不过，琦善并未因为此事而难为石赞清。不久，石赞清就被委任为阜城知县，后来又调任献县、正定、卢龙任职，因政绩卓著而升任芦台抚民通判、永定河北岸同知、顺天府治中及通永道、霸昌道尹。咸丰六年（1856），石赞清被任命为天津知府，从而进入了其人生中闪光的时期。

　　石赞清在赴任天津知府途中，正值潞河东路洪水泛滥，他目睹了哀鸿遍野的惨状。因此一到任，石赞清就立即前往灾区勘察水情，与民众一起修筑防洪堤坝，同甘苦，共命运，风餐露宿。接着，他又召集天津府各县官员，让他们全力以赴安抚、救助灾民，使灾民免于饥寒。灾情过后，石赞清积极整顿辅仁书院，发展地方教育；又平抑物价，打击奸拐。因为他公正廉洁，勤政爱民，被天津百姓誉为"石一堂"。

石赞清就任天津知府之时，正是第二次鸦片战争爆发之年。1856年，英国借口"亚罗号事件"，法国借口"马神甫事件"悍然发动侵华战争。1858年5月20日，英法舰队北上攻陷大沽口炮台，逼近天津，强迫清政府签订了《天津条约》。1859年，英、法、美三国再起战端，1860年8月，由于清军主帅僧格林沁骄傲轻敌，拒绝郭嵩焘等人在北塘设防的建议，英法联军得以在北塘登陆，继而进攻新河、军粮城，致使清军战败溃逃和大沽口炮台再度失守。

1860年8月24日，英法联军进占天津。当时，大小官员和百姓吓得四散逃窜，总督以下的许多官员都遭到联军的羞辱。随即，联军进占各官员的官舍，作为他们的驻地。当一队联军士兵来到知府衙门，命令石赞清让出官舍时。他毫不畏惧、大义凛然地对联军首领说道："官舍是我们朝廷的象征，你们可以砍了我的头，但官舍我是绝对不会让出的！"联军见这位不怕死的中

国官吏如此镇定自若，十分震惊，只好退出。石赞清知道这伙侵略者不会善罢甘休，自己在这座空城中白白死去也无益。于是，他不顾个人安危，以天津最高官员的身份独自来到侵略者军营，找到联军首领额尔金、葛罗等人，指责其无理侵略中国领土，给中国民众带来了巨大的灾难，警告他们如果一意孤行，必将招致中国人民的坚决反抗，到头来只会落得个灭亡的下场；并提醒其看清形势，立即罢兵，与中国政府议和。石赞清慷慨陈词，毫无畏惧之意，其铁骨铮铮、凛然可畏的形象，给英法联军统帅留下了深刻的印象。

侵略者为了挫挫石赞清的锐气，逼其就范，不久，便派一队士兵强行闯入知府衙门，将石赞清挟持到联军统帅的驻地南营。石赞清面对联军统帅毫不屈服，大骂他们毫无信用可言，他一边骂一边用手砍击颈部说道："快杀了我，把我的头拿去！"

天津人民知道此事后，自发地聚集了数十万人，包围了英军的轮船，责令英军放出"石父母"（天津人称自己的父母官石赞清为"石父母"）。咸丰皇帝闻知此事深受感动，从热河传谕给当时执掌政权的大臣载垣，命令他赶快与英国大使巴夏礼、法国大使巴士达等交涉，希望他们立刻将中国大臣石赞清礼貌送回。否则，众怒难犯，如果因此再开战端，由侵略者负责。联军统帅无计可施，只得乖乖地放回石赞清。天津数十万人奔走相告，庆祝欢呼"石父母"归来，在街头巷尾大唱："为国为民天津府，刚毅不挠胸有主。"

自此以后，天津社会安定，侵略者不敢胡作非为。英法联军在天津待了几个月，石赞清作为天津知府始终没有离开衙署一步，继续行使着国家主权，其所作所为体现出中华民族不为外敌胁迫而气壮山河的民族气节。

◇孔明点评◇

可惜了，清朝末年，像石赞清这样的地方官员不是太多，而是太少，否则清政府怎会如此丧权辱国呢？即使很少的石赞清们，也未必会被重用，若其不然，清朝也不会如此不堪一击。背靠软弱的清王朝，作为天津团防的石赞清并不屈服，身陷敌营仍然面不改色，这是何等的民族气概！中国需要石赞清们！这样的官员多多益善！